清华学霸
高三备战笔记

陈陆淼 著

化学工业出版社
·北京·

内 容 简 介

本书的目的是帮助学生了解自己，端正学习态度，培养良好的学习习惯。全书共九章，讲解了包括树立学习目标，摒弃不良习惯，合理安排时间，正视自己的错误，调整学习方法，提高应试技巧，正确进行考前综合复习等内容。

本书内容全面，从学生和家长两个角度介绍了高三阶段会遇到的问题，是中学生了解高三的手册；书中语言平实，各学习方法实用性强，和高中生生活贴近，是高中生自我学习能力提升的宝典；书中囊括了多种学习方法，是家长和老师了解学生的重要参考书。

图书在版编目（CIP）数据

清华学霸高三备战笔记/陈陆淼著.—北京：化学工业出版社，2021.10（2024.1 重印）
ISBN 978-7-122-39532-0

Ⅰ.①清⋯　Ⅱ.①陈⋯　Ⅲ.①高中生-学习方法②高考-经验　Ⅳ.①G632.46②G632.474

中国版本图书馆 CIP 数据核字（2021）第 137531 号

责任编辑：罗　琨	装帧设计：水玉银文化
责任校对：宋　玮	

出版发行：化学工业出版社（北京市东城区青年湖南街13号　邮政编码100011）
印　　装：三河市双峰印刷装订有限公司
880mm×1230mm　1/32　印张 9½　字数 193 千字
2024 年 1 月北京第 1 版第 2 次印刷

购书咨询：010-64518888　　　售后服务：010-64518899
网　　址：http://www.cip.com.cn
凡购买本书，如有缺损质量问题，本社销售中心负责调换。

定　　价：48.00 元　　　　　　　　　　　　版权所有　违者必究

前言

高考是一场马拉松比赛。虽然高三是高中生活最后的三分之一，但其重要程度却超过了三分之一。在高三复习阶段，要重视细节上的处理和知识的完整性，避免复习出现漏洞；面对高考，保持一颗平常心；一分收获，一分耕耘，有付出终会有回报。高考是一次对梦想的追逐，首先要做的就是认清自己、了解自己；然后是坚持信念，勇往直前，不让青春留下遗憾。最后一年，坚持一下，不远处就是美好的风景！

笔者结合自身学习经历，把高三复习过程中遇到的各种问题进行了总结，通过通俗易懂的语言展示在大家面前，希望能给大家带来一些启示。面对高三，同学们需要一个强有力的信念，改正自己过往学习中的毛病，通过科学、合理的作息安排和复习计划，查漏补缺，全面掌握各类题型，从而让高中学习有一个完美的结局。

本书详细讲述了高三阶段最重要的几项任务：摆正学习态度，摒弃不良习惯，正确认识高三学习生活的艰苦，正视自己的错误，学会控制时间，灵活应对各种变化，巧用学习方法，掌握应试技巧，考前10天的冲刺。这些都是高三学生最应关注的问题。

本书在写作过程中，尤其注意了以下几个方面。

1. 在战略上重视高考

作为高考的过来人，我深知学习的重要性，社会上的"读书无用论"害人不浅，对于涉世未深的学生，很可能受其影响。因此，本书开篇就为高考正名：高考很重要。

2. 告别"死读书"

我上高三的时候，周围有好几个同学每天几乎都"粘"在课桌上，非常努力，但成绩并不是很好，这是他们的学习方法有问题。事实证明，"死读书"是不可能真正提高成绩的。

3.面向考试,针对性强

书中没有那么多大道理,而是直接告诉同学们考高分的方法。里面有我的亲身体会,也有很多清华同学的交流心得,这些学霸的经验,都汇聚其中。

4.站在出题人的角度思考问题

高考题目有很多"陷阱",这些"陷阱"是出题人用来考查同学们对知识点的掌握。我在复习中给自己设计过很多试卷,对每一道题都会思考哪里可能会有知识点考核,进而总结经验,避免自己掉到"陷阱"里。

最后祝所有的考生高考顺利,进入自己心仪的大学!

目录

第一章
读书不需要借口

002 — 按部就班的高中生活

007 — "高三恐慌症",我生病了

011 — 还有 365 天呢,不急不急

014 — 学习不好又怎样?读书无用论

019 — 记性太差,没救了

024 — 天生不是读书的料,努力也没用

028 — 这么多人竞争,我就不去凑热闹了

031 — 这一次考不好,还可以读"高四"

035 — 这次是我运气不好,下次人品爆发

038 — 未来自有安排

040 — 来不及了,我不学了

第二章
摒弃不良习惯

046 ― 习闲成懒,习懒成病

055 ― 参考书

061 ― 为什么老师总是和我作对

068 ― 玩心重,就是不想坐下来学习

074 ― 三天打鱼两天晒网,三分钟热度

079 ― 运动耽误学习吗

085 ― 上课太无聊,不如出去释放天性

089 ― 高中,青春萌动的好时节

094 ― 为什么什么事情都不顺利

098 ― 用天天"努力学习"的样子感动自己

101 ― 这部分内容我听懂了,不需要再学

105 ― 我就是太粗心,下一次不会错

第三章
高中真的那么苦吗

112 ― 最幸福的学生时代

113 ― 学霸的"乐在其中"

116 __ 苦不苦只有自己知道

118 __ 不要被"大而全"牵着鼻子走

121 __ 平衡好计划和变化

123 __ 有威力的友情亲情

126 __ 静下心来做重复的事情

128 __ 良性"攀比"的竞争真的有用

131 __ 是时候全力以赴了

133 __ 取舍有道,放弃与高三无关的一切

135 __ 放手一搏,做逆袭的主人

137 __ 高三一年:养成了跑步的好习惯

139 __ 把平常事做得不同凡响

142 __ 认清学习的意义,享受学习

第四章
正视自己的错误

146 __ 认识学科短板,快速提分

149 __ 找准"敌人",逐个击破

151 __ "田忌赛马",巧胜高考

154 __ 庆幸每一次出错,解决它就是进步

156 __ 找好你的"错题集"

160 —— 做好错题改正的下一步

162 —— 避免重复错误,"事不过三"

163 —— 习惯性错误

第五章
时间的主人

168 —— 时间管理,认清自己的时间配备

171 —— 早睡早起与晚睡晚起

174 —— 对症下药打败失眠

177 —— 悬梁刺股不如张弛有度

180 —— "挤"时间更重要

183 —— 高考倒计时的真正作用

185 —— 自主学习,学霸们的"无假期论"

188 —— 学会自我控制,时间才会成为自己的

第六章
灵活应对转变

192 —— 认知转变的强大

194 —— 学会应对长期高强度的学习

196 —— 从学习新知识到复习旧知识的转变

198 —— 从掌握知识点到题型和技巧的转变

201 —— 结构化思维的确定，高效掌握知识网

203 —— "题海"，也要做到有的放矢

206 —— 文理交叉，强弱交替

207 —— 套题等一等，专题复习先攻克

第七章
千人千面，千种方法

210 —— 高三不同的你我他

211 —— 不同分数段的不同应考方法

214 —— 不是越多越好的记忆方法

216 —— 高考考核的能力

218 —— 不同人眼中的试题，难易有差异

220 —— 欲速亦可达，步骤是重点

221 —— 卸下包袱，训练做题正确率

第八章
应试秒杀，和命题人博弈

226 —— 考试大纲，你会看吗

228 —— 比命题者多走一步

229 __ 熟悉阅卷规则,拿分快捷有效

233 __ 等待发卷时应该做些什么

234 __ 拿到试卷 5 分钟内莫着急

236 __ 脑袋突然空白,请冷静

237 __ 审题是关键,卷上的每个字都是线索

240 __ 读题提笔,划重点节省时间

241 __ 答题有流程,个人需自定

244 __ 有"题感"的"秒杀"提速

245 __ 快速排除,提高做题速度

247 __ 回归材料,"原话"重现更标准

248 __ 思维联想解题,提高解题正确率

251 __ 正反思维灵活变换,巧用反证法

253 __ 记住特殊数值,选填"蒙题"答案

254 __ 掌握解题"潜规则",直通正确值

256 __ 临场表现最关键,做到胸有成竹

259 __ 不可忽视的卷面分

262 __ 考场上的高情商

264 __ 发现错题,修改要三思后行

第九章
考前10天，应该怎么做

270 —— 稳中求胜，逐一梳理高考题型

272 —— 知识由厚转薄，织成一张收放自如的渔网

274 —— 知识化难为易，决胜点在基础知识

275 —— 活用错题集，把错题集变薄成"宝典"

277 —— 开启"同步模拟"的每日测试模式

279 —— 考前心理状态，避免考前综合征

281 —— 自信应考，"已经充分准备！"

283 —— 做到万事俱备，不因细节影响考试

285 —— 考试期间，做个"独行侠"

后 记

第一章

读书不需要借口

"快回来读书！""别再给自己找借口了！"高三阶段我们日常生活节奏的转变就是从这些话中开始的。高一高二的生活虽然也很忙碌，但同学们似乎总有一些借口去消磨时间，而高三的我们真的没有任何借口再去浪费时间了！只有消除任何侥幸和逃避心理，把借口扼杀，才能在最后一年的高考应战中突出重围，实现梦想。

按部就班的高中生活

【借口说】

　　"高一高二过得十分惬意，高三也可以如此！"我身边有不少同学是抱着这样的心理进入高三的，他们过于自信，认为定下心来全力以赴地学习没有必要，于是还是和以前一样马马虎虎地"学习着"。

　　这是一种过于依赖习惯的借口，因为改变往往需要莫大的勇气！

　　其实从本质上说，他们对自己高三这一年的生活是没有具体想法的，完全按照高一高二的老路走，没有做好充分的冲刺准备。或者说有人过于自信，想当然地认为自己轻轻松松就能应付高三的课业和学业。

我们已经经历了两年高中生活，只要有心，相信一定能找到自己最佳的学习状态，同时也能发现自己在学习方法和学习习惯上的优势和不足。所以，高三的同学不要忙着为自己的"不思考"找借口，而是要主动审视高中的前三分之二时光，让自己能有一个全新的面貌去迎接高三一整年的挑战。

刚刚进入高三，同学们进行适当调整是必然的。尤其在自己不擅长的学科上，同学们一定要努力学习，往往这类学科是帮我们成绩实现质的飞跃的关键因素；进入高三，我们基本已系统学习完了书本上的课程内容，已经可以通过成绩和排名了解一下自己的整体水平，看看自己的不足，哪里有漏洞，哪里有困难。让自己有针对性地复习，扬长避短，充分做好高三的复习准备。

高三的学习不再是平淡的"学习新知识—复习旧知识—定点测试"的循环模式，而是进入到"复习—考试—再复习—再考试"的循环模式。考试的频率大大提高，这不仅仅让我们有了很强的紧迫感，还让我们有充分的机会训练自己的应试能力。每一次考试之后，我们都要摆正心态，分析试卷中丢分的具体原因，把这些学习上的漏洞及时补上。高三的复习在于坚持，所以坚定的信念成了关键。

相信在高三到来之前，老师在学校里会多次强调"你们只剩下一年了，要做好充分的心理准备……"家长在家里也开始全面"戒备"，总是会不断提起："还剩下……天就要高考了……"在这种氛围的渲染下，为什么还是有同学会产生得过且过的心态呢？主要有以下几点原因：性格就是这种散漫型；对学习的内容不感兴趣；曾经认真过却没有很好的成绩体现，没有动力；缺少一个更明确、有效的目标。

若有这种懈怠、得过且过的疲劳状态时，我们该如何克服呢？

高三生首先要做的就是停下来，不要急于迈进高三学习。要学会认识自我，看看自己产生这种心态的原因是什么，然后对症下药。

如果是性格原因，那么就要看看性格中真实的一面是怎样的，是否直接影响了学习的效率。如果比较严重，那么就要改变自己的思维模式，其实就是对日常的习惯进行调整，直到能认真对待学习为止。

性格的问题看起来挺复杂，但其实很简单。我有一个同桌，他就是那种对任何事和人都抱有"无所谓"态度的人，在学习中似乎也是如此，但他的成绩却一直很好。后来他解释："我的'无所谓'是对待某些特定选择，但在学习整体把握上我心里有数。因为本身性格使然，所以要求自己在课堂的有限时间里高效完成各项任务，这样自主时间会相对随意，而这种'随意'则是指针对自己哪些方面存在不足，可以随时弥补。坚持下来，不仅学习越来越顺手，而且考试的得分率也越来越高，因为我已经把一定时间内完成一定任务的能力训练得很好了。"

如果是对学习不感兴趣，那就找到不感兴趣的根源。我在成为高中生的那天开始，就明白地告诉自己——"无论是否喜欢高中的学习，都要适应这种学习状态，而且要有效率地去完成。"

其实从小我就比较喜欢问自己和朋友一个问题："扪心自问，你真的喜欢读书吗?"我的回答是:"真的不喜欢。"但我照样能"考试拿高分,作业获红花"。我的一些"学霸"朋友们的回答几乎很少有回答"喜欢"的,最接近的也就是一句"不讨厌",但是他们的学习成绩却都耀眼得让人嫉妒。在外人眼中,这些学生都应该是爱学习的,才有了他们的好成绩。事实证明,并不是一定要自己喜欢才能学好。最重要的是我们要学会从心态上去认识这件事,然后接受这件事,并为之付出努力。

高中阶段大多数同学的学习是被动的,没有静下心想过自己为什么而读书。我们需要好好想想自己学习的目的,找到学习动力,因为往往主动去做才能做得更有效率。

我从高中开始就学着用心做自己必须做的事情,支撑我努力和坚持的最大动力就是:看到了做这些事情的意义——不只是事情本身存在的意义,还有它们与我所期望达到的目标的契合之处。每达到一个小目标,我就会获得小小的满足感,自然就能体会到做这件事的正向价值;这些正向价值,能真正支持我投入地去做,这样效率自然就会提高。

如果是因为没有动力,被过去的失利击退,那么就需要进行多次积极的刺激。这种情况下,往往先不着眼于一些大型的考试,而是要重视一次次的课堂测验,甚至只是听写、课堂回答问题等。通过正向的刺激能让我们产生小小的成就感。小的成就积累多了,就会产生一种更大的"期待":这次考试再进步几个名次吧!动力自然就产生了。

如果是因为没有目标,那就学会抓住高三阶段自己的关键任务,为自己设定目标。

到了高三,往往这两类学生的学习状态非常明显。A类:成天被课堂内容牵着鼻子走,看似忙忙碌碌,实则收获不大。B类:无论是上课还是复习,都井井有条,课下根据自己的具体情况一步步解决自己的学习难点。A类同学的态度就是得过且过,他们不会直接放弃,但也不能大步前行,甚至有时会有些后退;B类同学往往是从A类转变过来的,他们明确知道自己最后一年的学习目的,期待付出努力之后带来的成绩,进步的成绩让他们逐步获得信心,向着目标不断前进,一般这样的学生在最后一年的提高不止十几二十分。

从本质上看,出现得过且过的高三学习状态主要是学生个人的态度造成的,如果自己找不到原因或者无法调整时可以找老师或者同学,有时候向别人倾诉也是一种自我减压的方式。而且从他人的角度往往更容易找到问题所在,正所谓"当局者迷,旁观者清"。

我在刚进入高三的时候,对"选择理科是否适合"这个问题有过迷茫,因为当时我在化学学习中遇到了瓶颈,而我自认为自己的政治和历史还是可以的。所以在学习理科的时候我就有些力不从心,总觉得在混日子,自然也影响了其他学科的学习。

有一天晚自习我和一个同学聊了一下自己的疑问,他非常明确地告诉我:"那你想改学文科吗?你知道这个时候改变你需要付出什么?你能确定学习文科就没有问题吗?有没有想过你最怕的地理?"这些问题我不是没有想过,但当从他的嘴里说出来时我就明确了自己的答案，自然就知道要坚持现在的选择，不要摇摆不定！

【暖心暖语】

对学习的持久性热情源于发现了学习的意义，其实就是真正明确了自己学习的目的。

"高三恐慌症"，我生病了

【借口说】

"我得了'高三恐慌症'……""我生病了，怎么办？"似乎不少同学都经历过这样一个阶段，当这些"病"汹涌而来时，什么也不想学，一拿起书就头疼，而且特别害怕听到高考、成绩、考试等词语，对它们非常敏感，本能地逃避与高考相关的一切事物。于是慢慢地，学习成了一个大难题！

学生在进入高三后遭遇"高三恐慌症"，然后开始以此为理由拒绝参与高三的学习，这是非常严重的问题，而更严重的是一些同学并不知道自己的问题，只是一味地逃避，但却不去解决问题，等到临近高考阶段，问题只会越来越严重，最后导致无法挽回的结果。

什么是"恐慌症"？

我想很多同学都有这样的经历：一次考试中面对很多题目都没有头绪，就会浑身发热、出汗，这是着急的表现；然后大脑出现空白，不知道怎么解决，通常越紧张就越没有解题思路。但这种现象往往是个别的，我们一般都能自我克服。这种现象还称不上真正意义上的"恐慌症"，只是说明其实恐慌的情绪每个人都会有，关键看个人心理素质。

真正的"高三恐慌症"有很多表现形式，但最终的结果都是导致学习成绩下降。

刘青是南方某县城高中的理科学生，擅长语文和英语，数学和物理是短板。高二学习时能考入年级前20名，但自从进入高三，成绩就一直退步。后来发展到旁边有人翻试卷他也会紧张害怕；做题时只要遇到生题就会手脚冰凉。

晓希在数学考试中经常出现问题，尤其是进入高三之后，经常遇到的情况就是拿到试卷后，从左手无名指指尖开始发麻，到考试结束时，整个左臂都没有知觉。

以上两个案例都是因为"高三恐慌症"而出现的生理上的问题，直接影响了学习和考试。那么该如何克服呢？

刘青针对数学和物理的学习进行了反思，为什么在语文和英语上从没有遇到这样的情况，而在数学和物理上却形成了这样一个"死结"？根本原因是自己对数学和物理的恐惧。由于过去留下的不好印象让刘青有了很大的顾虑，一方面做题缺少信心，另一方面又有一种"我数学和物理不好"的心理暗示，让他在数学和物理考试中承受了更多的心理负担。解决方法就是适当降低自己的要求，在数学和物理考试之前，做好更加充分的准备，给自己积极的心理暗示。

晓希分析了自己的情况，发现自己在考试的时候太紧张了。所以在下一次考试中给自己定下了一个小目标：考数学的时候只要能安安心心做完选择题就是胜利，后面的题暂时不想了。小目标确定之后晓希拿到试卷就没有了杂念，直接奔着目标去，最后只用半小时就做完了选择题，一下子自信就上来了：我真棒！这是她升入高三以来第一次考数学不紧张。接下来的一个半小时就以"能做则做，不会后补"的心态去完成，反而成绩不错。自此以后，考数学时的恐慌症状也渐渐消失了，高考数学考了130多分。

其实"高三恐慌症"的形成往往是害怕失败造成的，这些同学的自尊心强，对自己的要求高。正是因为自己的期望和现实形成了较大差距而让其心理上形成了一种"自我保护机制"——避开原则。这种害怕失败的心态会给我们带来很大的负面影响，造成恶性循环。因为往往那个"倒霉蛋定律"（墨菲定律）会让这样的日子越来越多。

什么是"倒霉蛋定律"？20世纪40年代美国空军有一个工程师叫墨菲，他认为他的一个同事是个十足的倒霉蛋，于是墨菲经常开他的玩笑："如果一件事有被搞砸的可能性，那让他去做就一定会被搞砸。"后来这个故事就开始流传，演变成各种版本，比较流行的说法是："如果坏事有可能发生，不管可能性有多小，它总会发生，并导致最大的损失。"

在学习中我们越害怕失败，就越容易失败。担心失败、消极的自我暗示，会让你展现出失败者的面貌，可能会有退缩、回避失败等的举措，而我们会从这些行为中再次接收到我们会失败的自我暗示。即使在整件事当中有些部分是成功的，你也会选择性地忘记，反而牢牢地记住自己失败的部分，并深信不疑，觉得自己的成功是侥幸，失败是经常和容易发生的（而实际情况往往不是如此，是自己选择性歪曲了）。

举个简单的例子，我们总有一种感觉：每次考试总会考到我们复习中遗漏的那些知识点。有些人会这么想：反正会漏背，背也背不完，索性就挑选几道可能考的题目背吧（消极行为）；实际上考到背好题目的次数更多，但我们却总是记得那些漏背的题目，因为这是让人沮丧的情况，所以让人印象深刻（选择性注意）；实际上不是漏背，只是没背熟，我们为了证明自己的倒霉而不是记忆力不好，自我解释成为漏背（选择性解释）。

如何面对压力呢？把压力转变为动力！如何改变？

我记得很清楚，每一次考试前的几天是最兴奋的，虽然有些忐忑，但更多的是能很高效地复习，因为那时候自己不掌握的知识就会冒出来，然后自己就会直接去找解决这些问题的答案。在等待发卷的那个时刻，我是紧张的，压力让我有了对考试的期待。当试卷发下来的那一刻自然就会想要去解决这些问题。

通过一次次考试的训练，我们可以学会合理转换压力和动力，前提是我们要重视压力和动力。另外，真正能平衡好压力和动力关系的同学是对自己的学习状态有一定自信的，所以平时要做到认真学习、全面复习，不能平时什么都不做，"临时抱佛脚"是会引起恐慌的。

"高三恐慌症"是一种病症，但同时也是一种心理状态，不要因为有恐慌而害怕高三的到来，或者担心自己的未来。

【暖心暖语】

只要妥当处理出现的问题，并直面它，调整好心态，"病"就能慢慢"痊愈"！

还有 365 天呢，不急不急

【借口说】

"一年时间 365 天，不用太着急！"一些同学总是以时间作为借口，因为这 300 多天的时间听起来真的很多，似乎有很多的事情可以去做，所以就出现了各种借口，如"不就是几门课的复习任务""又不是新课，很多问题都不需要重新看""时间很多，不用着急，慢慢来！"

高三这一年对不同的学生而言，是有着不同长度的。虽然看起来每一个人都有 365 天，时间是公平的，但是落实到不同的学生身上就有不一样的效果了。假设每位同学平均每天学习的时间为 12 小时（以充分利用时间为基准），那么折合成天数即为原来的一半，所以真正的学习时间只有 183 天。

学习成绩中上等的学生：课堂时间非常有效，老师的复习刚好也能帮自己捋一捋知识网络，加深对原来知识的学习，并解决还遗留的一些问题和细节。课上时间跟着老师讲课的节奏复习，课后只需要自我检测即可。假设平均一天6小时的课程时间,剩下的时间就又缩短了一半,只剩下约92天;除去每天测试2小时,只剩下约60天的自由复习时间。将这些时间分到每门学科,差不多一门学科可以自主复习的时间是10天!这就是真正可以结合自己的需要对高考知识点进行梳理和复习的时间。

学习成绩中下等的学生:由于知识掌握不扎实、课堂效率低、漏洞多,所以需要花更多的时间进行补习和练习,因此除去规定的课堂时间,每天还需要加上1小时左右来巩固课堂知识,解决遗留问题;每天的测试和分析时间也会适当延长,假设为3小时,那么最终剩下的自主复习时间约为30天的时间,那么分到每门学科上的时间则仅有5天。你能有信心说在这短短的5天时间里解决某学科高中三年的所有内容吗?

关于时间应用效率的这笔账,刚进入高三的同学一定要结合自己的情况,好好盘算一遍,这样才不会让自己产生"时间充裕"的错觉。相反,我们的时间非常紧迫,容不得半点浪费。

怎么来有效利用"握在手里"的时间呢?

我们对于时间要珍惜,减少不必要的时间开支,比如说一些学生漫无目的地刷题,看到一些题自己做得特别得心应手,就越发喜欢做,这并不是好现象,因为这其实是在浪费时间。需要明确很重要的一点:做题不是目的,通过做题找到知识漏洞才是目的!如果我们对某一题型已经有了很扎实的基础,那还做它干什么?!

如果真心要做一道题,那么就把这一题型琢磨透,举一反三,所谓的"做一道题会一类题"正是如此。

我们还要学会利用零散的时间。前面的时间是在理想的状态下计算出来的，而现实中很多时间不能整块存在。在学习过程中我们要重视分散的时间段。因为这些时间总是容易被忽视，如果稍不留意可能就流逝掉了。在高三，我们要学会"抓取时间"，平时要做到"时刻准备着"，当有碎片时间时能及时利用起来，不然我们真正可以利用的自主时间就真的所剩无几了。

推荐的方法就是准备一个方便随身携带的小本子，里面可以写一些自己容易忘记的英语单词或者一直背不下来的公式，抑或作文中可以使用的美文美句，利用平时排队、等车、睡前等间隙进行学习。积少成多，时间就慢慢被利用起来了。

为了能够高效利用时间，我们还需要让自己精神饱满。我也经历过熬夜苦干的时期，那时候还没进入高三，是高二下学期。因为课业加重，晚上学习时间越来越长，慢慢地，开始睡得越来越晚，而且想要早睡也睡不着了。一开始我对自己说，"不就这么几天吗？拼一下吧！"但最让人难受的是，熬夜并没有让我多得到很多时间，因为熬夜的过程中也没多学习多少，反而导致了第二天的精神不振，注意力无法集中，学习效率大大降低。晚上熬夜"赚"的时间和第二天白天消耗的时间比起来，完全没了意义，得不偿失。我意识到了这种熬夜模式所产生的不良后果，花了很长一段时间将自己的生物钟调整过来。有一个小建议：如果真想要从睡眠上挤时间，那么晚睡不如早起，但也要保持至少6小时的睡眠时间。

走过高二，我们离高考还有365天。看起来还有300多天，但其实这些时间过得非常快，似乎稍不留神就到了高考日，然后你却发现还有很多计划没有完成，还有很多问题没有解决，但是你不得不带着这些遗憾，祈祷不要刚好出到自己还未复习到的内容，走进考场。

我们目前唯一能做的就是珍惜每一天，珍惜当下。

【暖心暖语】

高三阶段的开始，意味着高考已经不远了！不要忽视时间的紧迫，珍惜每一天！让每一分钟都能在我们的高三时光中发挥价值。

学习不好又怎样？读书无用论

【借口说】

"我们村×××小学没毕业就去打工，现在都是老板了！""读书有什么用？以后出来还不是给那些没读书的打工……"于是，"读书无用论"成了不想读书的借口，而且听起来论据充分，似乎很有道理。在当今社会中不读书赚大钱，不读书干出一番大事业的案例不在少数，而且可能很多人读书的投入收益比根本无法令自己满意。

那么读书是否有用呢？这个问题听起来似乎非常简单，但是对很多人来说其实是回答不清楚的。这就是为什么不少同学会被"读书无用论"带跑，因为他们没有真正深入地思考读书的目的，只是片面地认为读书是为了赚钱，或者为了那些所谓的成功，这样自然就会认可"读书无用"。在他们看来，读书未必能获得成功，成功也未必要读书,因此读书无用!

如果能真正深入地思考读书的价值,我们就能发现通过读书获得成功的概率比不读书大,因为读书的人和不读书的人起点是不一样的。我们可以画一张对比图,假设一个人达到人生巅峰意味着 100 分,如图 1-1 所示。图 1-1 中,实线是读书的,表示读书的人成功值一般在 50 ~ 100 之间;虚线是不读书的,表示不读书的人成功值在 0 ~ 100 之间,而且往往 50 以下的占据比例比较大。

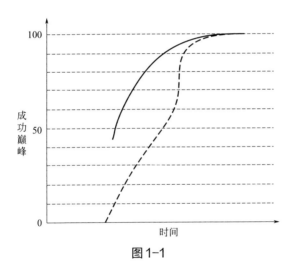

图 1-1

如果我们只看精英部分,即图中纵轴数值 90 ~ 100 之间的,发现读书的和不读书的各自占据了一定的比例,似乎读书的优势不明显,比如现在的富豪群体中很多科技"新贵"都读过书,也有部分"煤老板"没有读过书。但如果我们假设这些科技公司倒闭了,毫无疑问,这些"新贵"们还能轻松找到一份不错的工作养活自己，或者东山再起；如果"煤老板"的煤矿倒了，那么这位"煤老板"能依靠的是什么呢？是否会重新从艰辛的体力劳动开始？

这就是读书和不读书最根本的区别！

这也能解释父母和孩子常见的一段对话了。

妈妈：好好读书！

小孩：我不想读书了。

妈妈：你再说一句试试……

小孩：我说我不想再读书了。

妈妈：我和你爸辛辛苦苦供你上学，你不读看我今天不……

我们的父母很清楚，的确现在有人不读书却能发财，但是作为他们孩子的你只有依靠读书才能真正独立起来，然后靠自己的能力为自己撑起一片天。从他们的思想中我们看到一些观点似乎是矛盾的，但是其实并不是，因为他们着眼的对象是不同的。前一个"不读书却能发财"是着眼于这个已经出现特例的社会现象，而后一个"只有依靠读书"则是对一个具体的个体——孩子来说的。

对于"读书无用论"的反驳还可以从这个角度来分析，我们可以看到这些"不读书却能发财"的案例往往是一些特例，并不是普遍现象，而且这些人的成功往往需要一些契机，其实没有规律可循，只能说是一些偶然现象。

通过读书获得成功则并不是偶然现象，而是一种顺理成章就可以达到的普遍现象。我们不可能什么都不做去等待"天上掉馅饼"，这是一种对生命的浪费。反过来，我们应该努力读书，努力积累自己的知识和精神"财富"。即使未遇上致富的契机，我们也可以拥有过上小康生活的能力；当契机来临时，我们也能更好地把握住机会，从而创造出更大的成功。

再来说说那些"不读书却能发财"的人们，他们成功之后真的认为读书无用吗？一些成功的老板小时候因为家里兄弟姐妹众多、经济条件不允许等因素无法上学，所以他们就对自己子女的教育非常重视，因为他们认为："不能让我的孩子走我的老路，当时吃太多没读书的亏了。"由此可见，在这些"不读书却能发财"的群体中，其实大多也是认为读书是非常重要的。

我从完成九年义务教育到大学本科，再到现在读博士，总共经历了快二十年的读书生涯，因此对"读书"的认识有一定的理解。我想，我选择一直深造的原因不是为了要赚更多的钱，而是想要遇见更美好的自己。在外人眼中也许此刻的我已经有了"书呆子"的特征，但是我清楚地知道读书的过程是自我成长的过程，是一个既能发现自己潜能也能清楚认识自己的过程。

每一阶段的读书除了学习不同难度的知识内容，更多的还是一个教人成长的过程。小学、初中阶段主要是在学习一些认识这个世界的基本技能；高中阶段主要是学习如何用这些技能去解释这个大千世界中的种种现象，可以更科学、更真实地接近我们生活的环境；大学阶段开始掌握自己要谋生使用的技术，为此你需要找到一个方向，然后认识它、了解它；研究生阶段学习的就是要去改变世界了，也许是创新，也许是延续，总之你要开始用自己的方式去推动某个事物向更好的方向发展。

更深层次地想，不要把读书视为一种压力，而是把它看成一种求生存的能力。通过长期的学习训练，尤其是高中不同阶段的学习，我们能很好地了解自己在什么情况下学习状态最好，什么情况下可以获得更多的知识。我们也会明白虽然老师可以帮助答疑解惑，但是真正去理解和运用知识还是要靠自己的思考。

于是我们长大了，在更高水平的学府深造，我们面对问题时会学着自己找教材和资料，会找到那些可以帮助我们的人，会主动去思考和反省，然后最终解决原来的问题。

于是我们长大了，在某个行业中工作，作为职场新人的我们没有了老师和同学，却多了上司和同事，我们学着和他们相处，学着分析工作中遇到的种种问题，然后顺利适应环境，找到自己的价值。

于是我们长大了，在社会的磨砺中前行，无论是适应新技术的发展，还是与陌生人接触，我们都需要新的成长。过去的经验和经历让我们有了很好的适应力和学习力，我们可以在新的环境中继续得以发展。

"读书无用论"是一种不负责任的说法，尤其是在高中阶段读的书，不只是单纯地学习知识，整个读书的过程也是思维逻辑逐步完善和锻炼意志力的过程。清华大学很多学子在高考之前就有了保送清华的机会，但他们依然选择参加高考，因为在他们看来，没有经历过高考的人生是遗憾的。

读书不是为了父母、老师，真正受益的只有自己！对自己负责就应该好好读书，为自己人生的成功开一个好头。

【暖心暖语】

高考不论失败还是成功，相信多年之后回过头来看那段奋斗的日子，都会为自己曾经坚持做过的努力而自豪。

记性太差，没救了

【借口说】

"我记性差，学习没救了。""怎么背都记不住，还怎么学习？放弃吧！"这就是很多人因为记忆差而不好好学习的借口。因为记不住，所以学不了，做不了题，考试不理想，就不想再去记了，然后发现越发记不住了，就这么恶性循环下去，于是想放弃，因为对自己的记忆能力已经完全绝望了。

记忆力对于我们的学习是必不可少的，是我们学习所必需的工具，如果它出问题了，确实会直接影响学习的效果，但是我们不能因为记忆不好就不学了；反过来，我们更要重视学习的问题，因为不断学习会提升记忆能力。记忆能力和学习效果是相互影响的，如果大脑不经常用，记忆能力自然也就退化了。所以，从保持记忆力的角度出发,我们也不能放弃学习,要做好解决问题的准备。

我们先要分析下高中阶段的我们为什么会有记忆力差的感觉。这和很多与记忆相关的因素都有关系,这里结合我们平时的生活介绍几种,你可以找找是否有你日常的影子。

(1)不良情绪。情绪有时候是无法控制的,尤其出现一些负面情绪的时候。这里的不良情绪是指抑郁、焦虑、愤怒等,这些是非常不利于我们记忆的。比如我们在学习的时候突然听到了一个让人气愤的消息,然后全部注意力都集中在了这件事情上,不仅是没有心思继续学习,甚至连刚刚看过的内容也都忘记了,此即所谓"被愤怒冲昏了头脑"。

(2)失眠。睡眠质量不好,这是常见的现象,也是记忆力减退的重要原因之一。如果我们的身心得不到充分休息,那么会直接影响我们的记忆力与注意力。举个例子,某一天晚上因为看小说过于入迷,一直看到了凌晨两三点,然后再沉沉睡去,有的人会按照生物钟规律正常于早晨六七点起床,而有的人则直接睡到了午间。正常起床的人一天都会感到非常困倦,上课无法集中注意力,似乎头一低下就能睡过去。睡到午间的呢?一样不在状态,头昏昏沉沉,似乎是睡多了,反正就是不能正常集中注意力学习。晚上晚睡了两三个小时,要用一天甚至更多天来缓解,这对记忆力的伤害非常大!

(3)压力过大。适当的心理压力可以提升我们的记忆速度和质量,但是过度的心理压力就会影响我们的记忆力。所谓压力过度就是这种压力会让你不能集中思考，在生理上出现了一些敏感的状况。我们在学校经常遇到的压力有突如其来的考试或课堂提问，有的学生在紧张过后能立刻缓解，让自己直接进入状态，这样的压力就是动力，可以提高我们的心理素质和应激变化能力；而有的学生在压力面前十分无措，无法集中精力，表面上虽然做着事情，可心理早就被这个压力压垮，何谈记忆？！

（4）依赖性。在学习过程中我们往往会依赖一些工具，这些工具代替了大脑的部分记忆功能，让我们失去了平时训练记忆的机会。比如数学中的计算题，计算器就代替了我们原来心算的记忆，心算的过程是对乘法口诀不断记忆的过程，而计算器则是一个读数按数的过程；电脑代替了写字，这也是为什么很多人对一些字明明很熟悉，但是要他们写出来的时候总会出现"明明在笔尖就是写不出来"的尴尬。所以我们要努力克服这些依赖性习惯的形成：比如我们计算的时候可以打草稿自己算，把计算器收起来；写东西可以用手写，顺便练练字，可以提高卷面分。

（5）不良嗜好。一些不良嗜好会直接从身体本身影响记忆能力，比如喝酒、抽烟。烟酒中包含的元素可能直接导致部分记忆能力的减退；由于酒精对脑细胞具有麻痹作用，很可能会发生暂时性记忆丧失。高中生更要远离这些东西，让自己有一个良好的生活习惯，不要因为他人抽烟、喝酒而跟着学。

记忆力出现了问题，我们首先要找原因，然后用相关的解决方案来改变自己的记忆状态。记忆力是可以通过训练来改变的，用各种技巧进行提高，反复记忆，生活规律化，饮食健康，通过不断学习来强化记忆模式等。只有不断学习我们才能真正找到自己的记忆习惯，如果因为记忆差而放弃学习，那就真的没有改变的希望了。

如果你发现自己有以上的一种或几种问题，就要积极去改变。以下介绍一些提高记忆力的方法，其中包括很多和生活方式相关的内容。

（1）记忆和大脑。我们的记忆是依附于大脑之上的，大脑具有一定分工能力，其中色彩对于大脑刺激要强于文字，所以在记忆的时候我们需要利用大脑的特点，比如做笔记的时候多用不同颜色的笔写写画画，然后根据这些有色笔和有色纸进行分类分析，相信这种分类能让大脑更清晰地记住。如果觉得颜色过多会搞混，那么可以使用黑色、蓝色和红色。

（2）记忆的时间效应。在集中时间记忆的时候一定要注意对时间的控制，如果花 1 小时去记忆，我们会发现前 25 分钟效率很高，越往后效率越低，甚至容易"开小差"或者犯困。所以一般过了 25 分钟，可以站起来上个洗手间或者活动一会儿，10 分钟之后再继续记忆，这样效率会提高很多。

（3）记忆"燃料"。记忆需要一定的"燃料"，而这些"燃料"就是我们平时的饮食。如果经常吃一些垃圾食品、劣质食品、含较多防腐剂的食品，会损伤我们的记忆系统。所以我们要重视食物的选择，适当摄取蛋白质会对提高记忆有一定的帮助，比如经常吃鱼。

（4）记忆需要提问。记忆什么内容最快速？往往一些问题容易被大脑记住。所以在学习中一定要多提问，有问题并予以解决才能不断前进。当我们在学习或读书过程中提出问题的时候，大脑会自动搜索，从而提高学习效率。所以如果能通过不断提问来寻找答案，那么一些知识自然就能很好地被记在大脑里了。在学习过程中不要怕问题，而是应该担心是否有问题。

（5）记忆需要好的环境。往往安静的、空气良好的环境对记忆是有很大帮助的，甚至还可以在所处的环境中制造一些清新的香气，有些香料对保持头脑清醒有一定功效，薄荷、柠檬和桂皮都值得一试。另外，需要经常到户外走走，呼吸新鲜空气，锻炼锻炼身体，让血液高效循环，这样对记忆也是有很大帮助的。

因为记忆不好而放弃学习是对自己没有信心的表现，也是惧怕失败的表现。既然已经知道自己是因为记忆能力低才学不好，那问题就简单了很多，只要通过记忆训练，提高自己的记忆力，学习成绩就能有很大提高。

潜意识里要对自己有信心，相信只要通过自己的努力肯定能提高记忆力，这样生理上的负担也少了，而对应的学习动力也会增加。

记忆力不好不可能是一开始学习就会出现的，不然我们也不能正常考入高中。所以，当发现自己有记忆力减退的现象时一定要重视起来，可以想想自己的生活习惯是否有所改变，想想最近的情绪是不是一直不高，或者看看是不是压力太大等。记忆力变化肯定是有原因的，只要能找到原因，问题基本都能解决。

【暖心暖语】

不要把记忆力问题当成不好好学习的借口，因为记忆的问题本身就是学习中要面对的问题，也是考验我们的过程，只要能一步步利用技巧提高记忆能力，学习就能变得越来越好。

天生不是读书的料，努力也没用

【借口说】

"我天生就不是读书的料，为什么还要读？""有的人生来就是会读书的，我怎么和他们比？"这些话在一些同学中很流行，甚至在一些学生的家长中也会经常听到。因为读书成绩不好，然后就直接得出结论：不善于读书！这如同对学习的问题直接"宣告死刑"。

有人天生不是读书的料，那是不是有人天生就是读书的料呢？试问，怎样的人才能被定义为是"读书的料"？

每个人或多或少都有自己的长处，比如不同的人在文理科上的领会速度会有偏差，在文化课和艺术课各有所长等。没有人是一无是处的，而读书就是一个发现自己特长的过程，如果理科不好就选文科，如果文化课不行可以选择艺术类。

我们从小学读到了高中，然后在高考前面突然给自己下定论：我不是读书的料。试问：你有真正努力过吗？你有真正付出过吗？

你真正用心了吗？只有坦坦荡荡地回答了这些问题，我们才能更好地面对自己，更好地作出选择。你努力了、付出了、用心了，一定会有收获。

高中阶段的学习是囊括很多内容的，有的同学可能计算能力好，有的同学可能文笔好，有的同学可能选择题准确率高，有的同学可能作文有优势。总之，我们总能从学习中找到自己不那么吃力的一面。

高中阶段，只要我们认真去学这些知识，就能获得自己满意的成绩。当然也会在个别知识领域会有一些"莫名其妙"的"学习困难"。比如，我的地理就不是很好，尤其是关于方向的那部分内容。一方面是我不会区分东南西北，另一方面是我对于地理位置总有茫然感，所以在这部分知识上我的成绩一直不好，于是当时的我放弃了文科。

我真正去尝试了、努力了，但是效果却没有达到预期，那么我可以选择放弃。但是如果直接判断自己不是"读书"的料，那就太武断且对自己不负责了。

如果不读书，你还是要去工作的。而工作也是要学习的，学习的过程都是相似的，看书、看资料、求教别人，然后独立解决问题或完成任务。所以说，既然判断自己不是读书的料，那么在工作中碰到需要学习的阶段，是不是也认为自己不是工作的料呢？做什么是可以完全避开学习的呢？

在我眼中读书和工作都是学习的过程，只是学习的内容不同。很多成年人都在说读书的时候是最幸福的，为什么？因为读书的时候只要学习就可以了，而工作的时候除了学习还需要处理各种复杂的人际关系、社会关系等。如果你连读书都解决不了,又如何到社会上去立足?

我们应该感到幸运,因为我们是可以选择的,但不是选择是不是读书,而是选择读什么书。在高一高二的时候,通过学习不同课程,我们基本就能知道自己适合的是什么,喜欢的是什么,那么在文理分科的时候就能作出较为准确的选择。文理科各有自己的特色,如果觉得这两个方向也不适合自己,那么也可以考虑艺校或军校。

我有一个高中同学,他在高中的学习成绩总是忽上忽下很不稳定,但他非常喜欢军事,于是选择报考军校。在他作出这个决定之后,不仅天天锻炼身体,文化课成绩也由于他的刻苦复习而提高了很多。为什么?因为他找到了自己的方向,方向让他充满了动力。而且他知道以他的条件只要自己的文化课成绩达到一定的标准,想要进入一所好的军校是没有问题的。那这个时候还有什么理由不努力呢?其实一开始这位同学的父母也经常说他不是读书的料。但最后证明,他还是可以成为读书的料的!

最让我感慨的是,他上了大学之后非常喜欢读书,成为大学中的佼佼者。我当时很好奇:"为什么这么爱看书了?以前你可是连课本都不想看的人!"他淡淡地说:"读这些书真的很有意思,而且现在我知道自己要读什么书、读多少书!""我每年都要买好几箱的书,它们帮了我很多。"

如果有同学刚进入高三时,就说自己不是读书的料,那么明显可以看出这是借口,是在逃避,是一种消极思想的体现。我们要意识到,自己可能对高三的学习产生了厌倦的心理,甚至出现抵触情绪。这个时候最重要的是能够有一些事情来提高自信心,让自己知道只要继续坚持还是会有好成绩出现的。

先从一个小目标开始,比如第二天英语复习某一个单元的单词,需要听写,那么提前一天就花1小时准备,还可以让同学帮忙提前听写一遍,看看自己的复习效果,做好充分的准备迎接这一次小小的单词测试。用一个小成绩来鼓励自己,积累到一定的次数,量变会带来质变,慢慢我们就会发现"原来只要我努力,也能得到一个很好的成绩"!

我们家同辈的兄弟姐妹中,有的学习好,有的学习不好,我们在一块聊天的时候也会谈论这个话题:读书是不是需要天分?慢慢我们发现,无论是学习好的还是学习不好的都有自己感兴趣的知识领域,而且大家一致认为,只要是自己喜欢的,学习起来就会很投入,而且往往学得更快;如果是不喜欢的,再加上躲避不开的考试,就会产生反感。

在高中阶段,一些同学没有意识到要找自己的兴趣点,还有一些同学还没有找到兴趣点,其实只要有意识地培养,增加自己在学习中的热情,那么上学就不会成为负担了,学习自然也就会轻松愉快很多。

【暖心暖语】

请不要再说:"我不是读书的料了!"因为这句话并不科学!

这么多人竞争，我就不去凑热闹了

【借口说】

"全国高考人数940万，怎么竞争？""省内参加高考的也有30万人以上，你让我怎么从这大军中脱颖而出？""你们去拼吧，我就不凑热闹了，静静地看着你们就行！"借口被高考的选拔竞争性吓到，要逃避高考。这是一种典型的"胆小鬼"心理，因为害怕成为众多高考学子中"被流失"的一员，而不想参与其中。

每个人都希望有一个好的结果，即使平时不努力的人在考试之后也是想着要是考到多少分就好了。可见我们都是希望有一个好成绩的，但是却不去努力，因为有时候努力也不一定有好结果，有时候付出的努力需要经历较长时间之后才能见效。既然结果如此不理想，何不就放弃了呢？于是我们就说"因为竞争太残酷，我选择静静"。

虽然参与高考的人很多，而且最终大家会因为这次考试分出成绩高低，但其实一开始大家都是公平地站在同一起跑线上，得到的条件是相同的，就看哪些同学能够争取到最终头排冲刺的机会。而你作为其中的一员，如果一开始就放弃，那不就是提前宣告"游戏结束"吗？换个角度来说，为什么同样是竞争群体中的一员，别人不放弃，而你要放弃呢？这样的借口也许只是自我安慰罢了，是自己接受不了挑战的借口。

在学习过程中，有考试就有竞争。从进入学校开始，我们的学习过程都是伴随着竞争的，而高三的竞争还有一些不一样。这种竞争更像是和自己的博弈。因为我们知道高考最好的标准线就在那里。当标准如此明确，你就只需关注自我博弈的过程。首先看看自己距离这条标准线有多远，最容易达到的阶段线是哪一条，然后再通过自己的努力去达到这个标准。通过这样一次次的自我超越，我们再横向和同学比较，就会发现你的竞争优势也在不断增大。

自我竞争就是一种自我挑战的过程，学生要进行一种转变：从跟随型，到模仿型，再到自主型。这个蜕变过程不仅有利于高考学习，更有利于日后的个人发展。

我们如果要横向竞争，可以先和身边的人比。这样自然就能慢慢知道自己大概处于什么位置，为以后选择学校做好准备。但要注意的是，和周围的人横向竞争，一定要是良性竞争，否则会得不偿失。

有一个关于恶性竞争的案例供大家反思。

当时我是在理科班，同学之间竞争还是比较激烈的，尤其是两个成绩相近的同学之间。

同学A和同学B的总成绩不相上下，但是A同学主要是数学、英语、语文的成绩突出，理综比较差一些，而B同学则刚好相反，所以老师把他们两个人安排在一起坐，希望他们能互补互助，相互促进。

最初事情正如老师期待的那样发展：他们在各自的薄弱项有问题时都会请教对方，所以两人的总成绩提高很快，但因为理综的成绩提高相比较而言会更迅速一些，所以A同学连着几次考试总排名都比B同学高。于是B同学就有些竞争上的压力了，他开始变得不愿意给 A 同学讲题，甚至也不怎么和 A 同学交流了。

于是，A 同学和 B 同学不再互相交流，彼此之间变得跟陌生人一样，上学这件事在两人心中变得沉重起来，这种没有意义的心理负担，让两人的成绩同时出现大幅下滑。

最后老师只能找他们谈话，和他们说明让他们坐在一起的初衷，才让两人解开心结，和好如初。

同学之间的竞争一定要保持在良性状态，一旦进入恶性循环就意味着竞争的"变质"。

通过良性竞争，我们可以促进自己的学习。不管怎么说，最终考试的时候真正决定你成绩的是你自己，同样的成绩大排名，排在你前面的是你的同学总比是一个陌生人让你感到安心吧，你们彼此间知根知底，有追赶的动力和乐趣；你可以以他为目标，学习他的优点并以此来鞭策自己不断努力。

我们要学会承认并正视自己的不足。有些时候，你要承认自己有不如别人的地方才能更好地进步。我高中的同班同学里，排在全市前十名的就有五个，我和其中三个做过同桌。我们只有知道自己和别人相比还有差距，才能虚心学习。只有摆正自己的心态，才能正视自己的问题，逐步提高。

一定要正视这样的竞争环境，其实这种你追我赶的感觉还是蛮不错的，考场上是对手，考完了是同学、同桌、朋友，平时该怎么交流还怎么交流，不要把别人考得比你好这种事情上升为敌意。

高三阶段是冲刺阶段，我们需要重视自己的短板，然后利用这段时间把这些短板补足，相信在自我竞争中肯定能实现一次飞跃。

真正准备高考的人是没有时间想一些乱七八糟的事情的。一起竞争的人多又怎么样？机会少又怎么样？只要做好自己，在高三这一年做到问心无愧就行了。能不能考上是考完之后的事情，现在还没有尝试就害怕，是不是特别傻呢？

即使结束了高考，我们也要做到不害怕竞争。高考考生多，但是给予学生的选择也是非常多的。不同学习阶段的学生都有自己可以选择的范围。只要有一线希望，只要能争取到一个名额，你的高三就没有白过。所以，当所有考生在和你一起竞争时，别人没有放弃，你怎么能轻易说放弃呢？

【暖心暖语】

有时间考虑注定要放弃的事情，还不如踏踏实实做几道题、背几个公式来得更有意义。

这一次考不好，还可以读"高四"

【借口说】

"不要这么紧张了，这一次不行大不了复读！""怕什么，高考也是可以重来一次的！"不少同学在还没有开始努力之前就已经抱着复读的念头，这种思想肯定会影响备考动力。复读是万不得已的选择，并不是你可以不努力的借口，有的同学甚至以此心态走过了一年又一年。

我没有经历过复读，但却看过太多关于复读的故事。我不能下定论说复读生考不过应届生，但确实存在很多复读生最终的成绩不如第一次。我在高三开始的时候就对自己下了死命令："不要想着复读，你没有复读的可能！"就是因为这样断了后路，我才能专注地进行学习，因为我知道我不适合复读，所以我要抓住这唯一一次的机会。

复读并不适合所有的同学，而刚刚开始上高三的学生也无法给自己下结论是否合适，所以尽量不要过早地决定自己是否需要复读。

我认为两种人是可以选择复读的，而且结果不会很差。

第一种人就是内心强大、心态非常好的人。选择复读首先需要极大的勇气，包括接受各种压力的勇气。在复读期间，几乎身边所有人都会有意或无意地给你一定的压力。自己：要对得起老师和父母。家长：这一年不要有压力啊。老师：你们要更加努力和付出更多。复读生和应届生的不同标签，被问及时的尴尬，完全自我赛跑的崩溃……

[案例] 某同学只想考北大、清华。后来考试成绩并未如愿，只过了一本线。经过三天的考虑，他决定复读！他不想在一所自己并不心仪的大学里后悔四年。这是一位定力特别好的学生，内心很强

大。从他对自己的要求就能看出其决心之大——每次考试必须第一。

"高四"期间，他似乎到了一种忘我的境界。高中三年没有读过任何一份英语报纸，到了"高四"，他开始读英语报纸，并在报纸的边边角角作上语法和词汇标志；为了攻克完形填空，他在假期里一天可以做完50篇，不对答案，只为了练"题感"。他还能在短期内刷完一本《5年高考3年模拟》，再用两天对比自己的答案与参考答案的区别，把自己的心得体会汇编成册……这种一心投入复习、不被外界影响的状态只有信念坚定、自控能力超强的人才能真正拥有。于是，即使第二年高考时他的身体出现不适，没有发挥出全部实力，还是达到了北大分数线。

第二种人就是"学霸"，属于高分复读，因为种种原因没有进入自己心目中理想的大学而选择复读。这样的同学本身对高考是有一定把握的，因为他们心里清楚自己的能力，也知道如何更好地提高自己的成绩。

上述两类复读同学的目标非常明确，往往已经有了向往的学校甚至具体的专业，可能因为前次高考只差一点点，或者是填报志愿的时候错过了机会等。这些情况下，家长和老师都会倾向于让考生复读，因为这才无愧于学生真正的实力。只要学生自己下定决心，老师和家长也会同意其去复读。

［案例］　某个"大神"的复读故事。第一次高考前就读于某省重点高中理科班，平时排名年级前二十，没有下过前五十，高考以几分之差没够北大提档线；于是选择复读，并转到文科，成绩秒

杀各路应届文科生，高考数学考了149分。被问及有什么感受，他的回答是："太可惜了，数学丢了一分，我太粗心了！"再比如，某年的辽宁高考文科状元放弃香港大学的求学机会而决定复读，之后再次成为文科状元，梦圆北京大学中文系。

在清华大学，每年基本有1/6～1/5的新生是高三复读生，所以并不是复读都不会成功，决定复读的时候肯定都是向着比前一次好的目标去的，只是多数人在漫长的一年中没有坚持好，甚至没有坚持下来；只有少数人真正履行了当初的誓言，为自己的高考实现了一次逆袭，或者实现了最初的梦想。

其实高中知识就那么多，而且大部分是熟能生巧的。学三年和学四年掌握的程度绝对有差异。不考虑心理状态的话，学四年一定会比学三年考得好。但关键是如何利用好这第四年！

如果刚开始高三生活的同学，就已经在想着"高四"了，那么心态上是不对的。如果不改变这样的心态，最后的结果恐也不会令人满意。高三就要做好高三的准备，以冲刺这一次高考的态度去学习。

复读是给学生的再一次机会，但同时也是一个诱惑，似乎成了这一年不尽全力好好学习的理由。要知道时间对所有人都是公平的，你和你的同龄人本来在同一时间线上，高考之后你继续"高四"，而其他同学都上了大学，这就意味着你和他们之间的时间线就此有了细微的差别，他们会早于你就业，早于你步入社会，早于你成长于这个世界。

为什么刚进入高三就考虑复读实不可取呢？因为也许高三复习能给你的成绩带来质的改变，在高三的复习过程中，一轮回顾知识点，二轮磨炼技能和综合题，三轮模拟考试回温教材。其中一轮复习就是为了弥补高一、高二之不足，所以先不要急于给自己下结论，认为自己高考最多怎样怎样。我以前的同学包括我辅导过的学生，有很多在高三成绩实现了大的突破。所以别贸然下结论。

现在你要做的是，在高三这一年中尽自己全部的能力和潜力去复习，拼尽全力去准备高考。而不是去想什么复读，至少你现在不应该考虑，而且是绝对不应该！你现在最应该做的是专心致志，背水一战！

【暖心暖语】

不是每一次考试都有下一次，没有从失败中吸取教训，将永远处于失败的"坑"里！哪里摔倒，请从哪里爬起来！

这次是我运气不好，下次人品爆发

【借口说】

"我的运气太不好了！""唉，每次都是这样，我复习的不考，没复习的都考……""就听天由命，等着人品爆发了！"很多同学对考试中出现的问题以运气不好作为理由，更有甚者求神拜佛，想要老天给自己一个机会。每一次考试的随机性让不少同学更多寄希望于偶然，而不是必然。

考试之前，我们总会有一些侥幸心理，想着老天爷不会对我们这么残忍吧。于是到了该好好复习的时候总是把时间浪费，到了该好好听课的时候却"开小差"；心存侥幸地认为，短时间的走神不会影响最终考试的。

成功者总在找方法，失败者总在找借口。其实真正的成功不是靠运气，而是靠如何正确地思考。好运气只能获得一时的成功，却不能保证永久的成功。比如买彩票，能有多少人可以真正中大奖，我想大家都很清楚，这个概率实在太低了。如果总是靠抱怨、碰运气、试试看的心态，而不是如何积极地思考，寻找成功的方法，那么你永远都不可能成功。

有人说没有成功是因为没有遇到好的机会。而事实是，我们不是没有遇到好机会，而是没有做好抓住机会的准备。因为机会只会垂青那些有所准备的人。善于思考的人、掌握思考方法和思考技巧的人更容易发现机会并抓住机会。拿考试来说，你如果准备充分，那么当运气到来的时候，你可以很好地把握，而且似乎运气一直都在。

在该努力学习的时候，我们不尽力、不拼搏，怎么会有运气到来？能够成功的人总是积极、正确地思考、分析和总结，找到机会和解决问题的方法，在结合前辈们经验的基础上，摸索出适合自己的方法，从而让这些方法引导自己逐步走向成功。

人生的路上，你经历了挫折，才会明白得到了什么，失去了什么；不要计较那么多，也许那些得失只是为你的成功埋下的伏笔。生活往往就是这样，只有你想不到的，没有你做不到的。有时候生活无法选择，充满了无奈，我们不能改变环境，改变社会，但我们可以改变自己，改变看待生活的态度。在改变不了现状时，我们必须学会适应，学会坚强，在适应中生存，在坚强中成长。这个社会的生存法则就是优胜劣汰，只有不断提高自身的能力，才能立足于社会。

失败、挫折都是人生的必经之路，就要看你有没有勇气站起来，不要让失败磨灭你的意志。

随着社会的不断发展，竞争激烈是必然的。倘若你无所适从，倘若你甘心平庸，那你也可以回避竞争去过平淡如水的生活。

我们活在世上，必须知道自己究竟想要做什么，一个人认清了方向，才会有明确的目标，才会有追求的动力。成功不是你拥有了什么，而是你经历了什么。

有些人每天都在怨天尤人，说生活不给自己机会，而事实上机会有很多，只是这些人不懂得把握。人生挫折是避免不了的，如果一点困难、一次失败就停下前进的脚步，那你注定与成功无缘。

人生如戏。喜剧也好，悲剧也罢，剧本全由你自己编写；人生就是一个展现自我的舞台，心有多大，梦想的舞台就有多大。

成功的大门永远为有准备的人打开。只有尽力,才有资格说运气好!如果没有付出过,那何来运气一说?如果连你自己都开始放弃摆在面前可以争取的机会,为什么老天要给你这样不劳而获的福利?只有付出所有,倾尽所能,好事才会到来!即使最终没有达到目标,也没有遗憾。

有人成功,不是因为他的运气好;有人失败,也不是因为他的运气差。难道高考金榜题名只是运气好吗?难道高考名落孙山只是运气差吗?非也!非也!所有的好结果都是自己经过努力得来的。人生就是一叶扁舟,你就是自己人生的摆渡人,经历了风雨,成功就在彼岸。

【暖心暖语】

在奋斗的路上,不要轻易放弃,不要妄自菲薄。请记住,是金子就一定会发亮!也请记住,有付出才会有收获,天下没有免费午餐,更不要企求别人的恩赐。

未来自有安排

【借口说】

"这就是'拼爹'的时代,我的事有人安排!""我爸是×××,不用读大学我也可以过得好!"这是一些学生不好好学习的"底气"。现在"我爸是×××"成了不少人标榜自己家庭背景的口头禅:我有这样的靠山，所以我不需要再努力了，我就过着"饭来张口，衣来伸手"的日子。

其实无论你的父亲是谁，你父亲拥有的一切也不是你的，你有什么资格去使用他们的权力？！只有当你自己成了他们，你开始高喊"我是×××，我有能力……"，这样才真正令人敬畏。

学习的过程就是我们努力成长为自己期待的模样的过程，家庭条件好的孩子，家长依然还是想尽办法让其接受最好的教育，上一所顶尖大学，拥有一份可以带来优质生活的工作。

有调查发现，全国高考状元中，来自知识分子家庭背景的状元比以往增多，部分状元更是来自高级知识分子家庭。可见，有远见的家长是不可能忽略孩子的学习的。

高考是一个相对公平的考试，在每年的高考日，坐在全国各地考场里的人都是一样的，无关他们的父母是谁，无关他们有怎样的家庭背景，他们都只要发挥出自己真实的水平，然后等着成绩出来就行。

我们的未来需要把握在自己的手里！所以我们要靠自己的努力去获得自己想要的一切。换句话说，如果你完全依赖于他人，某一天，你的"×××"无法再提供现在你引以为傲、为之依赖的一切，那么你该如何适应这些变动？但如果你本身就是一个有学历、有技术的人才，即使当前你的事业需要依托这个"×××"，失去之后依靠自己的能力还是一样可以生活。

过于安逸和想当然的态度让一些同学错过了努力的最好时节，而后追悔莫及。如果即将面临高三，那就好好想想自己的未来，不要再浪费高中学习中最后一年可以提高自己的机会。

想要靠别人来成就自己未来的人或多或少都有一些不自信，这就和考试的时候一样，有的人不是想靠自己学习来提高成绩，而是想着耍一些小聪明甚至作弊等方法，这都是因为对自己的不信任。而我们做任何事情首先要肯定的就是自己的价值，如果连你自己都不相信自己了，那么谁还会相信你呢？

不要想着要依靠别人。请好好为自己想想，未来就在眼前。高三开始的第一天，只要我们找到好方法，提高 200 分也不是难事！不要总是喊"我爸是×××"，而要说一句"我是×××，我不怕！只要努力肯定有收获！"

【暖心暖语】

靠自己努力得到的才是真正属于自己的，不劳而获的终将会在无形中逝去。

来不及了，我不学了

【借口说】

"哇，最后一年了，我真的来不及了……""已经高三了，这也差那也差的，怎么办？没有时间了，我不学了……"进入高三后,有的同学开始恐慌起来了,但他恐慌之后居然决定放弃!

在刚进高三的时候,很多同学都会问老师:"我现在××课平时考试50分,请问现在开始学还来得及吗?"很多老师为了鼓励学生都会说:"只要你用心学,肯定来得及的!"

有一次,我问我的化学老师:"我平时总觉得化学有一些东西搞不明白,有些自以为懂了,做题又错,老师我还来得及学好吗?"化学老师看着我说了一句:"如果来不及,你就不学了吗?"

是啊!来不及就不学了吗?这样的问题其实是没有意义的,甚至是没有答案的。

无论我们处于哪种成绩水平,最终都要度过这剩下的时间,然后考出一个不让自己后悔的成绩。既然已经意识到"来不及",说明就要开始"追赶"了,能赶上多少是多少。所以请把重心从问别人"来不来得及"转到自己拼命学习上来,不要再想其他事情,所谓的"排除杂念,一心向学"就是这个意思。

那么我们为什么会问这样的问题呢?因为我们对自己还是有一个比较高的期待和定位的。我平时是一个上"一本"线的成绩,但我想进北大、清华,所以我来不及了;我平时是一个上"二本"线的成绩,但我想上"一本",上好大学,所以我来不及了;我平时是一个本科都难考上的成绩，但我想上"一本"，所以我来不及了。这些"人往高处走"的心理是好的，但定的目标需要客观、合理。

假设我是一个高考总成绩在400分上下的学生，那么我想考上清华、北大，这个时间可能真的有些来不及，但是如果我想上个"一本""二本"，这个时间完全是来得及的！所以不要轻易说来不及，只有你当下意识到问题并予以改变，一切就都来得及。

请问：时间来不及了，是要达到什么目标的时间来不及了？高中阶段只剩下一年的时间，确实不多，但是并不表示什么事情都干不了了。我们要在300多天之后才参加高考，为什么不在这300多天里好好努力一下呢？

比如，我平时是一个上"一本"线的成绩，那么我就尽量提高自己的分数，让自己能超"一本"线分数越多越好，先定个重点大学的目标并为之努力，这是来得及的；我平时是一个上"二本"线的成绩，我先保证自己能在"二本"院校里有一个不错的选择，然后向着"一本"前进，这是来得及的；我平时连本科的分数线都够不上，那我先定个上本科线的目标吧，这是来得及的。

我们树立一个"高大上"的目标是好事，但首先要先定下能很快实现的小目标，这才能成为真正努力的动力。很多时候你高喊着口号"我要上清华北大！"，却被这些口号拖累，因为你在一次次考试中会发现这些离你真的很远，自然就会受到很大打击，从而热情的火苗被浇灭，变得没有学习的动力。

学习没有来不及的时候，毕竟过去的已经无法挽回，只要从此刻开始抓住眼前的时间，绝对还"来得及"！

【暖心暖语】

放下杂念，拿起书本，追赶你心中的小目标吧！

第二章

摒弃不良习惯

进入高三之前，同学们要完成的任务是：摒弃曾经的不良学习习惯，找到最好的学习状态，让自己真正投入到高考复习中。可是有的同学不知道自己有哪些不良习惯，有的同学认为一些小习惯无伤大雅，甚至以此为傲。本章将列举一些高中生常见的不良习惯，并探讨这些习惯带来的危害以及介绍改掉这些不良习惯的方法。

习闲成懒，习懒成病

人都有惰性，何况是普通的高中生呢？但当同学们懒惰成疾，最终形成"懒癌"就为时已晚，如果不及时处理会直接影响一生。我们要从问题的根本上去了解"懒"的形成，这样才能解决这个问题。和"懒"对应的是"勤"，学习中养成勤奋的好习惯，会带来很多好处。

【病症】懒惰

学习中的很多问题都可以归结为懒惰，这些问题的本质都是来自精神层面。有的同学在高一高二的时候不重视自己的学习状态，在想要偷懒的时候就自我放纵，然后就变成了"离不开"懒惰的人，而且往往自己都不知道这是懒惰在作祟。

人都会有一些懒惰的习性，比如我们听课的时候累了，觉得需要小憩一会儿，但往往一开始休息就不止"一会儿"了；复习看书的时候觉得这不是作业，随意一点就行，还不如出去玩会儿，但往往一玩时间就过去了，忘记了学习；看书的时候发现这些内容实在无趣，那就看点漫画、小说，但往往一看就入迷；早上明明醒了却还想躺在床上，因为温暖舒服，但往往一个回笼觉就把晨读的时间睡过去了……以上这些似乎是所有人都会遇到的情况，我们必须予以正视，当这些问题刚刚出现的时候就要及时进行改正，不然后果就真的会非常严重，形成恶性循环，再想要改过来会比较困难。

在学校复习时我们可以仔细观察一下身边的人，我们会发现：有一些人在教室里时很"忙碌"，不是看漫画书，就是去和别人讲讲话，看起来做了很多事，但没有一件事有利于学习。这些同学下课之后，又发现时间过得太快，自己还有很多功课没有完成，只好不睡觉点灯"用功"。本来晚上十一点要睡觉休息了，但是他们一想到别人刚刚课上那么努力，自己课堂上的时间都浪费了，就想多努力一下，这"一下"就学到了半夜十二点半，自我感觉良好："啊，我好努力啊，别人都休息了,我还在学习。"如果认真看下这段时间里做的工作,可能只是看了一页书、做了两道题,和一节课学习的效果是无法比较的;更严重的是这段时间的"学习"会让你休息不好,直接影响第二天的学习。但是很多同学仍然会这样去做,因为这段时间让你产生一种错觉:我好努力!

这是一种典型的自己感动自己的方式。比如自己在排队打饭的时候背单词,嘴巴在动脑子却没动;比如大家在休息的时候,自己放弃休息去学习,然后效率不高……所有这样的行为,都是"自欺欺人"的行为,或者称为战术上的勤奋、战略上的懒惰。

你并不是在努力,只是不断地在找事情做,把自己的空闲时间和休息时间填满,营造出一种你很努力的假象。其实,你只是在自己感动自己。而且最危险的是,自己感动自己这样的行为是会上瘾的。懒惰不会上瘾,但是在这种自己感动自己的行为(不想方法而只想着花时间)会给你一种虚幻的充实感、满足感,让你觉得你的未来在不断地变好,而这仅仅是错觉,是假象。

懒惰造成的后果就是明明没有学习什么,却给人一种好像在努力学习的假象。有些同学在上课的时候会看一些小说、漫画,老师出了一些课堂练习,别的同学都在解题,而他们却在那里"开小差"。他们的内心世界是这样的:"等下听老师讲题就行,只要能听懂就没关系,为什么还要浪费时间先做一遍呢!"这就是为自己"开小差"找的借口,他们并没有发现自己已经被"懒惰"所支配。为什么会不自觉地"开小差"?因为这是偷懒的一种表现。学习是需要动脑的,很多同学为了不动脑就开始选择一些"填鸭式"输入的活动，比如看一些无关紧要的书籍、杂志、视频等。

在我们日常生活学习中，懒惰充当着"拦路虎"的角色，而且这只老虎不会直接面对面和我们对抗，它会躲在暗处。我们不愿意花费精力在有难度的事情上，转而把精力放在我们觉得没难度的事情上。而这样的状况持续下去，就会出现无聊、消沉等消极感受和态度。但是，尽管我们无聊了、消沉了，我们并不会马上告诉自己："啊！我现在在偷懒呢，我应该去做我该做的事情呀！"

懒惰之所以会不断地出现在我们身边，就是因为在偷懒的过程中，我们不是去休息睡觉，而是仍然在做事情，但这些事情往往是一件简单的、机械的、比较无意义的事情。我们的潜意识会告诉自己："我没有偷懒，我在做事呢！"而当回过头来反思自己在这段时间里做的事情，才会觉得"怎么就在那里看杂志、玩手机呢？怎么没去学习、怎么没去复习呢？"

如果我们理解了懒惰的"狡猾"之处，就会在学习中警惕它。接下来我们需要再深入去思考一下：懒惰是如何让我们心理、生理受到影响的？如何才能意识到这样的懒惰呢？

现在我们好好思考下懒惰是怎样在心理和生理上对我们产生影响的。

很多人喜欢打篮球，在打篮球的过程中，就算没力气继续打了，只要稍微休息一下就会想再上场打一会儿；而当我们打完篮球回家坐到沙发上的时候，再有人叫你出去打球，你就会觉得浑身乏力，一点都不想动,不会想继续打球了。其实,我们打球累了坐在球场边休息,和我们回家坐在沙发上休息,都是休息,但是我们在第一种情况下就会想继续打球,在第二种情况下就会拒绝继续打球,为什么?很简单,因为我们累呀。

我说的累并不是说身体上的累,而是在心理上不想去改变既有的行为模式去做其他事情的疲惫感。打球过程中的短暂休息之后会想继续打球;而已经回家休息了,此时再让我去打球,改变我在休息这样一个行为模式就会变得很困难,所以就懒得去了。

如果我们把打篮球这个事情换成学习,我们会发现,第二种情况其实指的就是我们在学习中的懒惰。懒惰的开始是因为很累,想休息一下,然后就是越不学越不想学。

很多人都提倡:适当的运动可以让我们保持充沛的精力,会让我们更有效、更积极地去工作。我们可以这样理解,去适当地运动,其实就是离开原来懒惰的模式,进入到另外一个行为模式。而很多人并没有保持适当且规律的运动习惯,就是因为要主动地离开原来懒惰的模式并不容易。

简单的事情对我们来说似乎更有吸引力,即使我们明明知道这些事情并不是最重要的事情,但我们还是愿意去先做,这其实也是在偷懒。这种选择做轻松事情来替代困难工作的行为本身是一种舒缓疲劳大脑的方式,但很多同学大多数时间都在做简单轻松的事情,没有再次主动地回到学习中去,这就是懒惰引起的效率低下。这种效率低下的状态只是开始,它会阻碍我们从事任何领域的工作,甚至影响我们一生。

【良药】坚持

真正摆脱懒惰需要从意识到自己的懒惰开始。

懒惰的时候,我们很少去选择做一件比较新颖的事情,我们大多会选择看时尚杂志、"煲电话粥"或者其他我们以前做过的事情,来逃避我们要学的新知识、要做的新题目。相比之下,除了我们看时尚杂志比学习轻松外,我们对看时尚杂志的行为也会比学习要来得更熟悉:毕竟学习是需要我们面对学科的新内容和各种各样的题目,而看杂志的话你只需要翻页,看一看衣服和模特,却不需要付出额外的精力去思考。

如何克服懒惰呢?

首先,我们要学会"变困难为简单",把一些我们心理上认为困难的事情设计成一些简单、可以轻松完成的小任务,然后安排计划的时候关注到这些小任务。我们会发现,当任务变小、变简单之后,我们会更愿意去完成它们,这实际上就是我们从小就都知晓的一个道理:一件烦琐的事情,我们需要把它分解成小的事情,这样困难的事情就会变简单,我们也会积极、主动而且有效地去完成。

我们一方面是因为事情变简单了更愿意去做;另一方面是因为在目标任务的划分过程中,我们会逐步清楚我们要做什么。而当一件事情被我们划分得足够好的时候,我们也能更明确地掌握任务完成的进度。

所以，学会如何分解任务是克服懒惰极为有效的方法。懒惰是怎样开始的呢？懒惰形成的起因是我们会选择去做简单的事情代替真正应该做的事情，愿意把时间浪费在无聊、无意义的事情上，却对自己逃避学习这件事假装毫不知情。简单的事情包括了我们早已经熟悉的事情、容易操作的事情以及没有什么竞争压力的事情等，这些事情占用了我们学习的时间，降低了我们的学习效率。如果我们意识到了自己有这种"简单选择"的坏习惯，那我们就要有意识地去避免这种行为。在学习时，当我们感觉要放弃的时候，无论给了自己多么充分的"借口"，都要逼着自己再多坚持一段时间，因为在持续学习时我们都会经历一个想要放弃的节点。坚持一段时间后，冲过这个放弃节点，我们想放弃的情绪就会慢慢减弱，继续做下去的动力会越来越强。所以简而言之，我们如果在第三分钟时能忍住不放弃，那么在第四分钟、第五分钟就会越来越不想放弃。

起步阶段不要用劲过猛。高三阶段我们发现很多知识需要复习，就会有些急躁，其实把速度放慢，反而更容易坚持下去。许多看起来似乎没我们努力的人，最后却更强、更成功，用的都是"坚持"这个秘诀。要相信，如果我们合理安排好时间，可以做很多事情，而且也不会对某一事情过于厌烦。而且，我们会发现，在合理安排时间后，那些能一直坚持下来的事，有可能更适合自己，对自己也更有价值。所以合理运用时间还帮我们解决了选择的难题，很多时候，科学选择往往比努力更重要。

这里可以推荐一种"10分钟法则"：用10分钟来抵制诱惑，让自己能有一个"三思而行"的时间空间。

当我们在学习工作时突然想去玩一局游戏或者刷一会儿微博,然后再去学习的时候,你就告诉自己,过10分钟!再学上10分钟我再去打游戏、刷微博等。既然你已经定好了,10分钟后去玩,好啦,这10分钟就先集中精力去学习吧。如果在宿舍,我们可以先离开宿舍,抱着两本书冲向最近的教室,捧起来先看,心里默念"看10分钟书,再去玩";或者在教室,你把手机放在一边,"看10分钟书,再去刷微博",这时你可能会更加投入地看书。也许过了10分钟,你的思绪已经完全进到书里了,那么玩心也就被抛到一边去了。如果你先玩的话,过了10分钟恐怕已经进入玩的状态,"玩会儿就去看书"也被忘到九霄云外去了。

当"10分钟法则"已经被我们运用得比较纯熟之后,我们可以直接把时间加到学习25分钟之后再去玩等。长此以往,坚持下去,我们的自控能力就会得到很大提高。

懒惰往往导致的就是无法坚持下去,如果能做到不断坚持,自然就能克服掉懒惰的毛病。要做到坚持,可以尝试以下四步。

(1)剔除其他不必要的兴趣,聚焦真正的兴趣,把自己的精力集中到一两件事情上。如果我们感兴趣的东西太多,就不可能有足够的精力和时间去把兴趣都培养起来,结果就会是三分钟热度,最终什么兴趣也没有培养成功。只有把兴趣聚焦在一两件事情上,才可以明确地知道自己要干什么,要往哪个方向发展,才能真正有所作为。

(2)走出第一步,永远不要停留在幻想阶段。这就像平时我们画画,最重要的一步还是能落笔,只有真正画出一样事物,才知道接下来应该做什么。那么坚持一件事情也是一样，要坚持下来还是要从每一次每一天开始。如果你想要坚持些什么、把一些工作变成习惯，你当下最需要做的就是走出第一步，永远不要停留在幻想阶段。

（3）在这一天中找个固定的时间段去开始第一个步骤，并将它完成。我曾经有一段时间坚持每天写一段话、画一幅小画，其实有时候就是 5 分钟的事情，每天睡觉之前自己必定要把这个做完，顺便总结今天的心情。我当时就想看看自己能否坚持 365 天。另外一个习惯就是运动健身，这个时间一定要确定，不能过于随意，确定自己的运动习惯之后才能真正坚持下去。高三的时候我喜欢在傍晚去跑步，这样刚好能够缓解上一天课的疲惫，同时也能保证晚上的睡眠质量。

（4）每天重复第二个步骤，在同一规定的时间段里做规定的事，并且完成时在作品上标上日期。当然也可以在书、日历等有关的地方标上日期或第 × 天，这样每当你做这件事时就能看到自己坚持的痕迹（不建议用手机记录）。在作品上写上日期，是完成这件事的句号，也是对自己的努力和坚持的一种反馈。长期下来只要我们开始了第一步，就会有每天都能够画上"句号"的冲动与渴望。累积下来看到一个个连续的日期，就会有成就感，并且有再坚持下去的动力。

【暖心暖语】

贵有恒，何必三更起五更眠；最无益，只怕一日曝十日寒。

参考书

我们在高中学习时离不开参考书,但是如何买书成了学生和家长的烦恼,于是很多人就选择多买书,先买下来,至于用不用再说,一学期结束之后再回去看看这些参考书真正用了多少,就知道"任性"买书的问题了。只有做到真正用书,才能让这些参考书有存在的价值。

【病症】买书

有的同学一到新学期就兴奋,况且又是高中最后一年的冲刺期!于是开学前一定要跑一次书店,看到高考模拟卷、高考复习教材就有买回家的冲动。

父母喜欢听孩子说自己要买书,他们也愿意带着孩子去买,尤其是高三学生的父母,他们知道这是孩子求学生涯中最关键的一年,所以看到孩子无论买多少参考书回家,都感觉能用得上。

市面上针对高考的书不计其数,名家推荐的经典书每年都会重新印刷出版,而全新的参考资料又层出不穷。除了学习时需要的"知识+练习"的模式,还有模拟卷、真题卷……笼统地讲,这些书对于我们的学习都是有一定益处的,前提是我们真正会用到这些书。我也是一个对买参考书有瘾的人,小时候家里的经济条件不是很好,但是父母还是对我说:"如果想要买书就和家里要钱,不要不好意思说!"于是每次开学前,我一定会为了买书去一趟城里的书店。后来我弟弟上学了,就变成我们结伴去书店买书了。去的时候带着两个空书包,回来时，就装得满满的了。那个时候我们两个人就好像是把知识背回家一样非常有成就感。

对着这些书，面临新学期的到来，我们制订着新计划、新目标。比如，每学完一章就要自觉完成这些书对应的部分，每周要做一次试卷，复习之前要跟上学习的进度把书中的题目都做完……

到了高三，买参考书的欲望就更加强烈了，因为总感觉有很多知识点和题型方法需要熟悉，而自己总结得不够好，需要参考书进行辅助。我清楚地记得那年暑假，我买了一大堆复习资料，甚至都考虑到了高考前一个月的课外冲刺题集了。我想象着这些资料中各类题型都被我攻克下来之后带来的满足感，憧憬着那时候自信满满地参加高考的自己。如果真能把这些书中的内容都掌握好，那么高考还有什么难呢！

但是，最终这些参考书都成了家里的闲置品，并没有如预期的那样发挥作用，因为事情总不会按照事先安排好的那样发展。若干年后的今天，要是让我回家去找高中时的复习参考书，还能翻出一堆只做了十几页的参考资料，它们都一本本地躺在家里的杂物间里，很多书看起来都是新的。

为什么会出现这种"资源浪费"的现象呢？日常学习的时候我们有课本、有老师指定的参考书、有老师发的试卷，这些基本就是考试所必需的参考资料，而且是必须完成的。除了做题我们还需要自己看书复习，整理知识点，改正错题，做错题集。除去这些时间，真正留下来给我们做自己买的参考书的时间少之又少。这也就是为什么这些参考书最终被束之高阁的重要原因之一。

另外一个很重要的原因就是自制力差。即使一开始在计划中加入做参考书、看参考书的任务，在真正实施的时候依然会因为不是老师或者学校的要求而敷衍了事，甚至直接略去。这就是为什么很多同学的参考书往往前面部分有认真做过的痕迹，而后面就如同新买来一样干净了。

自制力对高中学生来说是非常关键的。学生的成绩会出现参差不齐，也是因为学生自控力上的差异。比如买了课外参考书，有的同学会主动去利用它们，而有的同学则不能很好地按照既定计划去完成。所以我们在购买参考书之前，先要对自己的自制力进行预判，然后再决定买多少。

【良药】用书

学生能主动去买参考书是一个非常好的现象，首先说明内心是想要进步的，也是愿意积极向上的。但是如何选择参考书、买多少书以及怎么使用这些书就成了大多数同学会忽视的问题，其实这才是使用参考书的关键所在！

我们在课本和学校规定的参考书外是否需要其他书？这个问题其实很好回答，根据自己的空余时间来安排即可！

不同的同学有不同的空余时间，所以应有不同的安排。

400分以下的同学：先把课堂知识消化掌握好，把老师布置的作业完成即可。如果还有时间还是应将复习重点集中在课本中，多去记、多去看书。买参考书的原则就是帮助理解课本内容，可以选择一些总结性的参考书。

400～600分的同学：保证完成老师所布置任务的前提下，主动找一些参考资料补充自己的做题量，可以针对自己的不足进行专项攻克，关键还是要对自己不足的地方予以弥补。参考书的选择也要有所侧重，自己有把握的就不要再重复做了。

600分以上的同学：跟上老师复习节奏之余还有充裕的时间自我安排，那就专门找一些模拟卷和真题集，熟悉题型，保证做题的速度和把控考试节奏。

总有学弟学妹们来问："什么样的参考书才是好书？"

我的回答只有一个："你真正需要的书就是好书！"

如果一本书你买回去了根本没用，那就不是一本好书，并不是书的内容不好，而是对你来说它没用。所以买书是为了看、为了用！

买参考书还要讲究策略，买到自己真正用得上的书才叫"把钱用到了刀刃上"，不能白白浪费这些买书的钱，也不要浪费了你买回来的书的价值。所以买回来的书如何用就成了我们必须要讨论的问题。

不同的参考书有不同的作用，大致可以分成两类：一类以辅助性为主，即对课堂知识的理解起辅助作用，以知识点的总结为主，相关的例题作为辅助，练习题也很有针对性；另一类以训练性为主，即对学生应试进行训练，主要以试卷的形式出现，用以进行单元测试或者模拟考试。

在平时学习中，我们可以选择第一类的参考书，预习的时候有疑问可以看参考书，书中会有重点、难点的总结；有些地方课上没听懂，可以找找这些参考书，书中的一些例题可能会帮助你更好地理解课上的内容。临近考试期间，则可以用第二类参考书，如果是试卷一定要在规定时间内去完成，可以给自己一种考试的感觉；核对答案的时候就是自己给自己打分，评估自己的水平。需要强调一点，使用第二类参考书的过程中要重视答案解析，不要简单用答案判断对错之后就过去了，更重要的是弄懂这些答案解析中的思路和方法，保证下次遇到相同题型不会再出错。

利用参考书完全依靠自觉。我不建议大家买很多参考书，因为如果最终这些书都没有被使用，会有很深的挫败感和自责感，这是不利于学习的；还不如一开始就不买或者少买几本，心理负担反而小一些。

从身边的例子来看，也确实如此！并不是参考书多的同学就一定成绩好；还有另外一些同学平时只做老师给的题目和试卷，也能考出很好的成绩。

我有一位一起上课的清华同学，我看他上课时从来就是一本教材一支笔，我就和他聊高考复习时参考书的问题。

我："你高考复习的时候用什么参考书啊？"

他："参考书？我用我自己的。"

我："啊？是什么？"

他:"就是我整理的知识和错题。"

我:"你不看市面上的参考书吗?"

他:"市面上的书是对大部分同学的,对我没有针对性。我自己做的笔记、整理的知识比较符合我的需要。反正我一有时间就会去看自己的笔记,然后重新整理、刷新,错题也是一样!"

我:"刷新?"

他:"是啊,因为高三复习的时候会不断完善自己的知识体系,所以每一次看笔记的时候都有新想法;错题整理也是,很多题会了,新的问题也会加入……"

所以说,关键不在于参考书,而在于我们学生自己!

刚进入高三阶段,我建议同学们不要急着去买参考书,先上一个月的课再做决定,等真正需要的时候再去买。因为高三不同学科会有不同的复习进程,而不同的老师对于这些学科的复习也有自己相应的规划,我们复习的脚步一定要跟随老师课堂上的节奏。如果在整理和巩固这些知识之后还有空余时间,可以选择和复习模式接近的参考书,一面帮助我们更好地总结知识,一面可以及时测试自己的复习效果。

高三的第一轮复习很重要,是个查漏补缺的好时机,也是实现成绩逆袭最好的时间段,一定要把握学习的节奏,势必在这轮复习中把过去两年中遗漏的知识补上;如果是一些自己学习中的难点,就可以利用参考书上的讲解或者例题等方式来掌握。

高三后面的复习是综合性的,那么我们就可以给自己准备试卷。各个学科的老师也会用作业和考试的形式让同学们大量地做试卷,有章节性的，有综合性的。这里就要有目的地去思考，哪些地方是自己的不足之处，然后去找自己需要的参考书进行强化。

在参考书的问题上，我想推荐不同学科中重点知识的小手册，可以随身携带的那种。现在市面上这类参考书也比较多，我们可以利用一些零碎的时间随时拿出来记记。

【暖心暖语】

买参考书的时候不要冲动，要三思！

为什么老师总是和我作对

师生关系融洽是高三学习顺利的重要保证，学生要做好自己，并"利用"好老师这个极佳的资源，让自己能得到更好的辅导。切忌盲目和老师作对，年少轻狂不是错，但要学会克制，不要因此影响日常学习。

【病症】师生关系不佳

——为什么怎么学都学不好数学？
——因为我不喜欢我的数学老师！

这是非常常见的对话。似乎在上学的过程中，每一位同学都会有自己最喜欢的学科老师，同样也有自己最不喜欢的学科老师，往往这些喜好都会直接影响这门学科的成绩。"这个老师老是找我麻烦……""那个老师对×××特偏心,对我很不好……""那个老师很喜欢我,我也喜欢她……""老师对我这么重视,明天我一定要考个好成绩……"

有的同学自己也不明白为什么老师好像总是和自己过不去。比如在上课的时候老师总是点名让自己回答问题——这肯定是在刁难我!在考试的时候老师也会时时盯着自己,怕自己有小动作——这肯定是不信任我!平时的作业中一点小错误就要被批评——这就是在找我麻烦! 有以上想法的学生不在少数,因为总觉得老师不好,所以学生就会对这门学科产生排斥甚至厌恶的心理,然后就会出现老师更加"不喜欢我"的情况。

师生关系是我们在学习阶段非常重要的人际关系,因为平时我们除了和家人相处,其他时间基本都在学校里,除去同学,就是和老师的相处了,无论是班主任还是学科老师,都是我们人际关系中重要的一环。

到了高三,如果有的同学已经和老师形成了比较紧张的关系,甚至出现了敌对倾向,多多少少都会对成绩有一定的影响。

要解决这种情况,就要搞清楚产生关系紧张的原因:这可能是由于学习压力过大引起的,或是由老师的教育方式不当引起的,再加上学生青春期的叛逆心理和躁动的共同作用。

实际上,若我们对老师产生敌对情绪,受伤害最大的是自己。具有敌对情绪虽然看似对老师毫不在乎,实际上自己的内心却是痛苦和不安的。我们如果把自己摆在与老师对立的位置上，心理上容易产生孤独和寂寞感；更重要的是，这种敌对情绪的存在会影响学习效果。所以，如果此刻的你已经对某位老师产生了敌对情绪，就应该尽快消除它。

小时候我们很多同学都有这样的感受，同样一件事情父母要求我们去做，我们可能会拖拖拉拉、撒娇耍赖；老师要求我们去做，我们会当成一项作业去认认真真完成。这就是老师和父母的差别，他们是督促我们学习的主导者。

学校里的教育基本以大班制形式展开，一位老师需要面对很多学生，我们知道老师们可能无法顾及每一位学生的具体情况，但我们心里都是希望被老师喜爱和重视的，只是有时候我们不知道怎么做才能让老师喜欢。有时候一些小误会就会让同学对某位老师心生芥蒂，导致关系不断恶化。

我记得当时我们班里有一位同学，他的数学基础很好，高一的时候很受数学老师喜欢，他也总是喜欢和数学老师交流数学问题；高二分班时数学老师换了，因为一次考试批卷中的小问题，他就认为新老师对他有意见，所以他学习数学的动力明显不足了，慢慢地，成绩也下降了很多。

相对应地，还有一位同学原来语文成绩一般，不高不低的。同样也是因为新的语文老师对他的一次批评，他认为语文老师和他作对。为了表明他的态度，让语文老师对他刮目相看，他花了很大的精力学习语文，短短一学期的时间，这位同学的语文成绩已经在班里数一数二了。

同样的情况，却有不同的结局。

虽然老师对我们的影响很重要，但真正有决定权的是我们自己！要如何对自己负责也是我们自己的选择。

【良药】理解

高三是我们高中学习最关键的时期！说到底不能因为任何因素影响成绩，毕竟最终考试的是我们自己，而不是我们的父母、我们的老师。

高三阶段跟着老师的节奏复习巩固是非常重要的，但不可能每门学科的老师都会按照你喜欢的或者你适合的节奏进行复习。在学习时只有学生配合老师，很难让老师来配合学生。老师在备课过程中往往根据整体时间的规划，加上大部分学生的需求来授课，老师很难做到为了个别学生而改变自己原来的计划。

老师会不会刻意和学生作对？

从我的认识上来说，答案是否定的！首先，高中老师平时任务很重，根本没有精力来找学生的麻烦。他们批评学生往往是因为学生的一些行为或者语言不合适，想要帮助其改正。其次，老师没有必要和学生作对，因为这对老师来说没有任何好处。所以当我们认为老师在针对自己时不要急着情绪化，先要看看是不是自己最近学习出了什么问题，多思考自己的行为是否有欠妥之处。

从客观的角度来说，每个人的人格尊严都是平等的，老师和学生之间也是这样。新型的师生关系,应当是一种民主、平等的师生关系。在这一基础上,我们必须遵循以下三大准则:平等、尊重和理解。

师生关系首先是人与人之间的关系。老师的年龄比学生大,学科专业知识比学生丰富,社会阅历比学生深,又是学生的引路人,管理学生在学校里的学习和生活;但这并不意味着老师和学生的关系就是统治者与被统治者之间的关系。所以,和老师交往的时候,对学生而言,最重要的是心态上要平等。平等意味着两个方面:一方面学生完全没有必要去畏惧自己的老师;另一方面学生也不能轻视老师付出的劳动。平等的原则适用于任何人际关系的交往,在步入社会以后,面对领导、同事,和他们交往的时候,也必须先有一个前提:我们在人格上是平等的。

古语讲,"一日为师,终身为父"。之所以我们必须尊敬老师:一方面是由于其所从事的这种职业的高尚性;另一方面,尊敬他人、尊敬长辈是我们的传统美德,也是一个人在心智上走向成熟的标志之一,是一种道德行为。都说老师是人类灵魂的工程师,的确是这样,当我们还懵懵懂懂的时候,老师是那个给予我们知识,牵着我们的手帮助我们走向成熟的引路者。很多人在多年之后回忆起往事时,常常会满怀深情地谈起以前的老师,老师所给予我们的东西是我们一生都在享用的财富。

当然,也有可能当我们扪心自问审视自己后还是找不到老师"刻意"对待的原因,那么一定要想办法去了解,而不是任由这种状态继续下去。我们如果对某位老师有这样的想法时,不妨想办法制造交流的机会。如果觉得彼此之间有误会，可以给老师写信，或者和老师当面谈谈，表达出自己真实的想法。

这里尤其要强调同学们和班主任的关系。班主任管理着我们学习、生活以及高考的相关事宜。即使不能和班主任关系很好，也不能产生什么矛盾。我从小学到初中和班主任的关系一直很好，一直是班长，所以有很多事情需要和班主任进行沟通，自然也就有机会得到班主任的关注。到了高中之后和班主任接触机会不多，我又是一个内向的人，所以高中阶段和班主任只算是一般的师生关系。不过如果我成绩出现波动或者有什么问题，高中班主任也会关心。可见只要是老师，他们都会认真对待自己的每一位学生。

我们所需面对的最坏情况就是这位老师确实有些问题，这时我们就要做好充分的准备，尽力做好自己，因为时间是你自己的，把有限的时间浪费在纠结和老师的关系上还不如看几道复习题来得有意义。

这里可以举一个非常常见的例子。

上课时，后面的同学说话，我回头提醒他们认真听讲，这时老师看到了我回头讲话的动作，认定我不遵守课堂秩序狠狠批评了我，我觉得很委屈。

老师只有一双眼睛，而学生却有几十个，老师和学生很容易产生类似的误会。如果遇到类似的情况，正确的解决方法是要做到四步：冷静；解释；体谅；遗忘。

当老师错怪自己后，一定要冷静、克制，根据当时的环境和条件，可以解释的进行解释，一时不便于解释的可暂时放下，留待以后找机会再解释，这样可防止形势进一步恶化。

如果老师的批评是因误会导致，一旦误解消除，问题就会很快得到解决。我们可以在课后或其他能够与老师独处的时候，向老师做出解释，要做到态度诚恳；如果这件事不方便自己来解释，也可以请同学或班干部代自己向老师解释，以消除老师在一时一事认识上的偏差。

当老师错怪自己时，一定要懂得体谅他。因为老师每天面对的是繁重的工作，难免会使人心烦意乱，有时会有不冷静的情况；尤其是要相信老师的错怪仅仅是出于误会，完全没有恶意。

如果是因为一些小事老师错怪了你，并且老师并没有因此对你产生不良的印象，那么这种小事就让它过去吧。这样的遗忘对于你的心理健康也有很好的帮助，即便是一些很严重的事情，在你向老师澄清之后也不必再耿耿于怀，随着时间流逝，任何事情都会烟消云散。

老师总是说："我爱班里的每个学生。"可实际上，一个班好几十人，即使老师主观上想一视同仁，公平地对待每一个学生，客观上也几乎做不到，这就像爸妈对自己的双胞胎儿女也不可能做到完全公平一样。最优秀的老师也是如此，虽然他清楚地知道，公平对学生而言是十分重要的，但是他依然会有自己的个人偏好。有的同学可能会认为，老师喜欢的都是成绩好的学生。的确，成绩优秀的学生，如果同时修养好、品德好，没有老师会不喜欢。

但是，对大多数老师而言，绝不会以成绩作为评判一个学生的唯一依据，那么，老师究竟喜欢什么样的学生呢？

我有一个很好的朋友，为了改变初中阶段不太稳定的学习状态，想在高中当个班干部，用责任来多约束自己，于是在高中第一次班长竞选上他精心准备了演讲稿，并通过自己的演说赢得了大部分同学的认可。后来的他，虽不是班里成绩很好的那一批，却得到了老师的赏识和喜爱。

老师喜欢积极、上进的学生，无论是学科上的问题，还是沟通上的问题，作为学生的你，与其闷头生气，还不如开诚布公地说出来，让老师看到你的坦然和处理问题的态度。

【暖心暖语】

和老师相处是需要讲究技巧的，最重要的就是与其建立平等关系，相互尊重，相互理解，和老师建立起良好的互动关系，在老师的帮助下收获知识，奏响青春的乐章。

玩心重，就是不想坐下来学习

很多同学因为贪玩导致没有时间学习，或者一到学习的时间就想要去玩，这些状态都不利于我们进入高三的复习模式。爱玩可以，但要玩得聪明，在玩的过程中要有所得，要有助于成绩的提高。

【病症】爱玩

"为了玩,我可以先暂时放下学习!"

"就玩一会儿,我马上就会回来……"

不少同学不学习的"借口"都是玩,那么玩什么、怎么玩、玩多久呢?这些是不是真的像原来自我安慰的那样:就一会儿呢?

我们在学习中几乎都会有这样的经历:

我们本来制订好了一个很全面和细致的计划:每天完成作业之后要背诵 30 个单词。第一天我坚持了;第二天我坚持了,感觉很轻松;第三天隔壁小红来找我去玩,我有些心动,但我还是拒绝了;第四天小红又来了,"玩"的诱惑太大,于是我想就 30 个单词,找时间补上就行,于是我去玩了;第五天我发现昨天玩得真开心,不如再去一天,于是又被"玩"带跑了……第十天,我发现原来我已经落下了很多天的单词,一算竟有 210 个,好多!要怎么补?算了,玩吧。于是计划没了!

这是很多同学都会有的经历,即使成绩不错的同学也会有类似的经历。我们这里先不去批判这种容易被"带跑"的学习状态,先看看是什么"带跑"了我们。

所谓"玩",针对不同的同学应该有不同的定义,比如 A 同学是个男生,平时最喜欢打篮球,只要有人相约打球,他极可能是会放下手头的事情去打球的;B 同学是个女生,平时最喜欢逛街,周末或者平时有空就想着去逛商城;C 同学是个小说迷,听说有喜欢的作家出新书,熬夜也要把它读完。但是如果和 A 同学说:"Hi,我们逛街去!"对 C 同学说:"打篮球啊!"对 B 说:"这有一本×××的小说,看不?"相信这些同学极有可能会选择手头的学习任务。

为什么?

因为没有兴趣!

所以"玩心重"主要在于自己的兴趣,诱惑大的"玩"往往是我们最喜欢做的事情,能让我们在其中享受到一种兴趣带来的快乐。

玩什么都可以,但就是不能学习!这是"爱玩"的另一种比较极端的情况,就是除了学习之外的所有事情都能激起你的兴趣,唯有学习成不了让你有"兴趣"的项目。上课的时候看点其他书,自习的时候偷偷听听歌,家庭作业可以抄别人的,省下时间来看看电视……这些都是逃避学习的表现。更有甚者还有的同学居然逃课、逃学。

这种情况往往不是因为你"兴趣广泛",而是"厌学"。因为不想学习,所以任何其他事情都会让你忘记或者逃避学习,用这些事情作为转移注意力的挡箭牌。这是非常不利于学习的状态,尤其是进入高三阶段的学生,一定要好好自我诊断:看自己是否有这样的情绪,或者有这种状态的趋势。

学习状态的好坏很容易测试出来。我记得当时我们班主任经常以一种状态来判断我们对学习的态度:自习课的状态。举个例子,全班都在上自习,做作业看书,然后班主任突然"巡视"出现在窗口或者门口,那些专注在学习上的同学基本不会注意到老师的出现,而那些没有专心学习的同学总是会抬起头。班主任总会开玩笑:"自习时和我对视多次的同学要注意了啊！"

【良药】聪明地"玩"

"爱玩"真有错吗？

我并不这样认为！我所认识的学霸很多都是非常爱玩也非常会玩的朋友。但他们不仅仅会玩，还会思考怎么玩出高水平，还能协调好玩和学习之间的关系。

学霸 A 就是一个非常爱唱歌、爱逛街、爱跑步的女生，平时她总会约好朋友一起去逛街，买书、买衣服，买那些小女生都会喜欢的东西；每天傍晚她都会去操场跑步，四圈五圈由心情而定；休息的时候她也会和同学们一起讨论哪本书好看，或者一起吐槽电视剧。但是她的学习成绩一直都是班级第一。

你说她不爱玩吗？显然不是！但是她没有让"爱玩"成为自己不学习的借口。她在学习之余去玩，放大了"玩"的积极意义。

在很多同学心中，玩和学习是对立的关系；但在很多学霸心中，学习也是玩的一种，同样，玩也是学习的一种。

我喜欢清华的整体氛围，在学习的时候同学们全身心投入在自己的学业中，而在玩耍的时候也全身心投入其中。你会发现在该玩的时间和地点总有一群群小伙伴玩得很尽兴，比如下午的篮球场、棒球场、足球场，都有同学在玩；比如傍晚的塑胶跑道上，学生、老师都在跑着步；周末还能看到不少人在调试小型机器人、玩滑轮、跳街舞；在宿舍也能看到有人聚在一起玩"狼人杀""谁是卧底"等桌游……同学们爱玩，在玩的过程中他们找到志同道合的朋友，同时也开拓了自己的人际关系；更重要的是，这些活动让他们的大脑更加活跃，他们也能以更好的状态进入到学习中。

有的同学说："我要是和他们一样聪明，我也可以肆无忌惮地玩！"这真的是因为聪明与否的问题吗？

显然不是！

关键是要抓住"玩"的一个度，即，玩要先定一个原则——基于完成学习任务。这个看似简单的原则真正实施起来却很困难。

只有确定学习上没有问题了，那么就可以放心地玩了。我一直铭记一句话："学习的时候好好学，玩的时候好好玩，都尽兴！"如果在学习的时候想着等下去哪里玩，要不要去放松放松，玩的时候还在担心"我作业还没做完呢，明天测试还没看……"，这样的同学不仅学习效率低，玩得也不会开心。

所以在面对"玩"的态度上首先我们要宽容，不要认为自己这么爱玩肯定没救了。然后确定自己一两个兴趣爱好，把"玩"自己喜欢的事情作为学习的奖励，让其成为学习的动力。有效地分配时间和规划学习、休闲，肯定能让整个学习周期更有意义。长期坚持这些兴趣爱好还会成为自己的特长，一举两得！

如果是前面提到的压力过大的情况，第一步要做的就是我们要调整这种状态，让自己认清具体问题：为什么会逃避学习？

有的人是因为害怕失败。比如接连在重要的数学考试中都考砸，所以担心让数学老师失望，就会对学习数学产生抵触情绪；比如上一次综合考试中年级名次一下子掉了50名，班主任就会找你谈话，父母各种紧逼，压力让人逃避……

那么就对自己说一句话：任何逃避都是无用的，面对现实才是唯一的解决之道！踏踏实实学习才有可能逆袭，逃避是在浪费自己的生命。

有的人是因为尝试努力却没有成功，对自己失望了，对学科绝望了，于是放弃了！"因为我确实试过了！""要学会放弃……""我要把时间用在有用的学科上。"

这时候作为过来人，我要对这些人说的是：回去死磕到底吧！除非你不考这门课了！这种时候的放弃是最不明智的。因为越没有学好的学科在高三可以提高的空间就越大，对整个高考成绩的提高也更为有利。

无论是什么原因，出现"厌学"情绪都是不正常的现象，但却都是有方法可以解决的。要解决好学习中的困难，尤其是学科上的问题一定要主动提出来，这样老师、家长才能真正给出"对症下药"的帮助。

当一种"玩"的情绪出现的时候你先不要急着被"牵走"，可以先让自己"冷静"下来，然后看看自己手头学习的内容，对自己说："再做一道题吧。""再背几道政治题吧。""完成这套试卷，只剩几道题了。"

慢慢地，你就会忘记了那个当初"出去玩"的诱惑，在学习中开始有自控力，然后可以将前面提到的有效"玩耍"融入学习中。

我觉得"爱玩"是一种积极的状态，因为在玩的过程中会有很多新的创意出现，思维变得活跃，有助于促进我们学习。不同的项目在玩的过程中有不同的好处，比如，打篮球能提高我们的思维灵活性；读小说能丰富我们的作文语言，提高语文综合能力等。所以利用好"玩"，对学习是有利而无害的。

【暖心暖语】

玩得"聪明"，才是真正的"玩"。

三天打鱼两天晒网，三分钟热度

"三分钟热度"是很多人惯有的毛病。所以，我们要保持良好的学习惯性，对学习产生兴趣，把一年的任务分配到每一天、每一小时，让学习成为如吃饭睡觉一般自然。

【病症】定性差

我们来看看什么是"三天打鱼两天晒网"。很多同学都有这个通病，我们往往少的不是最初的抱负和目标，而是那份难得的定性。

在学习中我们总会出现这样一种恶性循环却不自知。如图2-1所示，这是小明的心理过程。

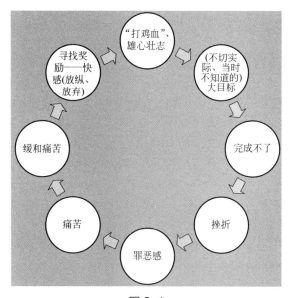

图2-1

◎ 因为某件事情或者某个时间节点,小明受到了刺激,仿佛打了鸡血,他立刻在本上写上自己的誓言:"接下来我一定要坚持……完全按照作息表执行学习计划!"

◎ 他的目标总是定得很大,各种"豪言壮语",却没有经过仔细分析,"明天按照计划走就行!"不知道明天之后还有明天。

◎ 到了"明天",他终于下决心要静下心来完成任务了,却发现好多困难,诸如时间不够、任务过重、实力高估、环境不佳等。

◎ 于是今天的任务又到了下一个"明天",挫败感甚至是罪恶感层层袭来,但这时候他还能安慰自己:"明天一定要提早开始学习,找一个好环境，不能被外界环境干扰……"

◎ 到了又一个"明天"，他发现累积任务更重，压力"山大"啊！自然任务又一次没完成，他感到一开始的挫败感变成了痛苦。

◎ 为了缓和痛苦，他开始避开让自己痛苦的因素，即不想再看当时制订的计划，不想再触及这些学习任务。

◎ 情况严重时，小明开始彻底放弃自己："反正已经完不成这些任务了，那索性就放开好好玩吧，管他呢！"

◎ 他放飞自我之后遇到了某些正能量的事情，比如看到身边有人从"学渣"逆袭成"学霸"，听到有人获得了好成绩……这些消息或者信号又一次刺激到了小明，成了下一个循环中的"鸡血"。

这种"三分钟热度"的恶性循环或多或少都存在于我们当中；而更严重的是，我们根本没有意识到自己具有这种问题，周而复始、一次次地消耗自己的激情。

学习是一种"长期作战"，在高三更是要集中精力进行最后一搏，这是需要一种持续性来维持的。当一次又一次"三天打鱼两天晒网"，在真正学习时无法沉下心来保证动力，自然在学习中会遇到一次又一次的挫折，尤其是考试过程中总会有一种"这个知识点我认识，但又不会运用"的感觉，说到底就是我们对于知识的掌握不扎实。

进入高三之后，我们会信誓旦旦地对自己说一句："最后一年了，一定要好好努力！"但如果没有在高三生活的每一天都保持这种热情，是不能达到自己的预期的。

心不定、无法持之以恒的学习习惯非常不好，这也是现在大多数同学的通病，而且这种不良习惯很容易被忽视。这就导致了虽然问题存在，但往往不被重视，也很少有同学会及时思考自己的这些不良习惯，自然就没有改正错误的机会。

【良药】学习惯性

没有惯性就不能定心，和很多同学谈到这个定力问题，总会说到一个"学习惯性"的问题。

学霸A："我很少遇到'三分钟热度'的麻烦，因为学习已经成了一种固定的习惯，如果我哪天没有完成当天的学习任务，我会特别不舒服，心里会发虚，这种感觉可不好受。"

学霸B："我学习的时间是固定的，而且一到这个时间点我就会进入状态，就很难被其他事情打扰，而且完成学习任务之后就会有很多时间去打打篮球什么的。"

学霸C："学习上的事情就是我认为最重要的事情，在内心已经确定要去完成，所以往往我会按照自己的节奏，让自己比其他人走得快一些，走得更扎实一些，这样我心里才会踏实。"

他们提到的这些情况其实都是有关"学习惯性"的，一个人如果拥有了这种学习惯性就会受益匪浅，因为学习会成为一件和吃饭睡觉一样正常的事情，每天都在重复，但每天我们还是非常期待且必不可少的。

记得高三的时候我每天的生活就是"早饭—学习—中饭—学习—晚饭—学习—睡觉"的节奏，如果把中间频率出现最高的"学习"

当成和吃饭睡觉一样必需的事情，那么是不是一到某个时间点就想起要去学习呢？可是很多人没有养成这种惯性。

在学习的过程中，我们可以想想是否出现过很多"断片"的情况，就是在学习的时间里没有真正投入进去，而是思想飞远了，这就是看似学习实则心不在焉。这种情况的最大危害就是阻断了"学习"这个连续的动作，破坏了学习的连贯性。慢慢地，我们在学习时思想无法集中，容易被小事打断，这就是不良学习习惯的本质所在。

观察一些学习好的同学，你会发现他们有一些共同点，其中一种很明显的情况，玩耍时他们和其他人一样玩得热火朝天，而一到学习时间立马就像换了个人。即使你过去和他说话他也会听不到，因为这时候的他已经开启了"学习"模式，而这种状态下往往是不会轻易被外界打扰的。

这就是一种"忘我""投入"的状态。正如前面提到过的，专心学习的学生一般看不到老师在"巡视"，而那些平时不专心学习的学生总是能和"巡视"过程中的老师四目相对。投入学习的同学早已经进入了自己的"学习世界"中，怎么可能被无关事物影响。而那些不能集中精神的同学因为不良的学习习惯，以片段式学习为主，没有养成真正的长期学习惯性。我记得在自己上初中的时候，班主任就曾经说过这样的现象：

要真正养成好的学习习惯，就要逼迫自己集中精神！如果容易被周围环境干扰，就要先为自己找一个相对安静的学习环境；给自己设定一个时间段，制定一个小小的任务，保证自己基本能在这个时间段中完成，一开始不要定太严苛的目标，可以适当放宽时间限制，这是为最终能顺利完成打基础，以此激励自己持续下去；完成任务后可以休息一小段时间（注意是"一小段"），肯定要小于前面的学习时间，再进行下一阶段的学习任务。依此类推，逐渐可以提高自己的学习时间长度，随着学习效率的提高可以加大学习任务量。最后一步非常关键：坚持到底！

【暖心暖语】

> 心定方能坚持，专注一件事，形成学习惯性，让你停不下来。

运动耽误学习吗

到了高三，很多爱锻炼的同学基本都放弃了体育锻炼，以为可以省下这些时间来学习，但是实际的学习效果并不明显，甚至还有反作用。

【病症】懒得动

"复习多紧张啊！关键时候怎么可以出去玩……"

"时间太紧了，我真的没时间。"

"学习这么累了，还去折腾啥啊？有时间还不如补充睡眠！"

这就是很多高三同学的心理，一到高三冲刺阶段，同学们便开始减少自己的运动时间，一头扎进书堆里。

这些以学习为由"赖着"不出门的同学最终心想事成把"省"下来的时间真正用于学习了吗？学习效果好吗？对比那些每天定时运动、精神饱满的同学，两类学生谁能在高考这场马拉松中脱颖而出？

很多同学都有这样的亲身经历：当把每天所有的锻炼时间"省"下来学习，成绩反而下降了。这是什么原因？这是身体在抗议呢！身体健康，才有精神去集中做脑力劳动；反之，注意力不集中，上课不专注，学习怎么能进步？

"到了高三每天除了学校里老师布置的任务，我们还要自己完成定下的目标，确实没时间再腾出专门的运动时间。"我也曾经有同样的烦恼，高三了，高考在即，每个学科老师们都有安排和任务，我自己也定了查漏补缺的任务，每天能按时完成已经非常不容易，确实挤不出时间来锻炼，总觉得离开教室和课桌就会失去一些安全感，尤其是心里想着"别人都在埋头苦学呢，我却在'玩'"时，就更不能全身心去锻炼了。"就最后几个月了，坚持坚持就过去了……"这是普遍的想法。

高三阶段每一位同学的压力都很大，如果不锻炼身体，会造成抵抗力下降、注意力不容易集中、负面情绪无法排解，陷入莫名烦躁……这些对高三的学生来说都是影响很大的问题！

高三进入高考升学的关键时期，学习时间紧张，学习任务繁重，许多同学认为学习紧张就挤不出时间进行锻炼。但事实证明，如果我们尽量让每天的生活都规律化，把学习、休息、睡眠、饮食、锻炼等安排科学地结合起来，抽出一小时的时间进行运动还是绰绰有余的。

每天的生活做到作息规律、动静结合、劳逸适度，把锻炼纳入每日的生活日程，使运动为学习服务，从而达到事半功倍的效果。

【良药】动起来

学习是一个张弛交替的过程，在专注和发散两种模式间切换，才能有良好的记忆效果。如果强迫自己长时间持续、专注地学习，效果反而不好。在我们放松的时候，大脑其实会继续整合和处理之前我们学习的内容。说到底就是：身体和大脑都要动起来！

大多数学校和老师会让高三的学生每天安排一定的时间去操场上活动，我清楚地记得高三最后一学期每天最后一节的自习课上，老师都会来督促我们出门去运动，她会要求我们每天有一定的运动量，保证自己的身心健康。

身体健康是我们在高三这一年能够持续奋战的本钱，不要以为这样会"浪费时间"，因为锻炼身体实际是在为提高效率做准备。

高三时期我们要做到科学锻炼，最重要的还是要安排好时间，要结合自己的实际情况来安排每天锻炼的形式和时间长度。合理地进行体育锻炼可以使我们更科学、更合理、更积极地安排课余时间。同时，锻炼身体有利于我们形成一种文明健康的生活方式，克服不良的生活习惯，树立良好的生活态度和积极向上的人生观。

这里为同学们提供几个可选的方案。

（1）合理利用早操时间。早晨是一天的开始，早操则是从事脑力劳动的准备活动。每天坚持按时起床，可以使我们在生理上有一个良好的生物钟。如果学校有规定的早操时间那么要好好珍惜，不要以任何借口逃避。认真做早操不仅能够锻炼肌肉节、促进血液循环，还能吸入大量新鲜的、清洁的空气，加大氧的吸入量，从而使大脑供氧充沛，提高大脑的机敏性。

早操时间是一个时间节点，告诉我们这是今天学习的开始，从心理和身体上一起做好开始努力学习的准备。

（2）提高课间10分钟的利用率。人在从事脑力劳动时，多为静坐姿势。此时，大脑的氧需求量很大，而血液循环却相对缓慢，流经大脑的血液就会减少，就可能发生暂时的"脑缺氧"现象而导致学习和记忆的效果下降。大量的科学研究证实，大脑的连续工作时间以一小时左右为宜，超过这个时间，大脑的工作效率就会降低。根据这一生理特点，学生经过45分钟的全神贯注后，应自觉地利用课间10分钟时间进行活动，使身体和大脑都得到放松，比如到室外散步、轻跳，或倚窗远眺、做眼保健操，从而提高神经系统的灵活性，充分发挥大脑的潜力，提高学习的效率。

（3）选择适合的课外活动。课外活动时间是一天中最主要的运动时间。高三学生每天下午应坚持40分钟左右的课外活动。其目的是消除一天学习之后产生的用脑疲劳，有利于晚上继续学习，同时还有利于增强体质。根据超量恢复的原理，运动后，各器官的功能不但可以恢复到原来的水平，有的甚至还能超过原来的水平。经过一定时间的体育锻炼，可以使大脑神经功能不断提高，使大脑神经能耐长时间的刺激，从而保持长时间的兴奋，不会很快转入不活跃或抑制期；同时使脑细胞储氧量增多，改善大脑的血液循环。这样就能够坚持较长时间学习，不易疲劳，从而提高学习效率。

锻炼身体需要有一定的规划，不能别人说什么就去做什么，关键要看自己是否适合。坚持实事求是的原则：活动时要从实际出发，根据自身的健康情况，从自己的形态、机能、体重、体质及运动技术的实际水平出发，因人制宜，量体裁衣。坚持循序渐进的原则：运动的数量由少到多，距离由近到远，重量从轻到重，强度从小到大，逐步提高。坚持持之以恒的原则：体育锻炼要常年坚持，切忌"三天打鱼两天晒网"。坚持全面发展的原则：高三阶段是身体发育的过渡阶段，要使身体上肢、下肢及各部位都得到发展，使各种体育活动能力都得到提高。

在传统的观念里，体育课被看成是在学校里的"玩耍"时间。其实，体育是一门科学性很强的教学科目，它包括体育的基础知识、生理解剖知识、运动生物力学和运动生物化学知识、体育卫生保健知识、科学锻炼身体和评估锻炼效果知识等多门学科的知识。所以，高三同学在上体育课时应做到以下几点。

（1）高中阶段是发展各项身体素质的重要时期，同学们应抓紧有利时机进行全面的身体锻炼。每节体育课，体育老师都是根据教学大纲的要求和学生的身体发展特点来安排教学内容和练习方式。这些教学内容和练习方式具有一定的科学性和全面性，所以我们应充分利用每一节课，使自身的力量、耐力、速度、灵敏性和柔韧性等五大素质都得到提高和发展。

（2）体育知识、技能是科学锻炼身体的方法和手段，是前人进行体育实践的概括和总结。它不仅具有近期效果，而且具有长远意义，所以每位同学应充分利用每一节课的时间去学习和提高运动能力，做到学以致用。努力去适应不断变化的条件和环境，科学地进行锻炼，取得最佳效果。

（3）有的学校可能没有给高三同学安排日常体育课，那么我们就要给自己布置定时定点的"体育任务"。总之，要保证每周有一定量的体育训练，而且要在高三一年中甚至今后的学习和工作中做到持之以恒。

（4）高三同学多数是通过参加体育活动的实践，培养了对体育的兴趣、爱好和习惯，使自己在思想、情感、行为、个性以及社会交往、合作等方面的能力都得到提高。

综上所述，作为高三同学，我们应该充分理解，体育锻炼和文化学习不是对立的而是互相促进的。在 8 小时学习中抽出 1 小时的时间进行体育锻炼，其学习的效率和效果会比 8 小时要好得多。要懂得 "8-1 > 8" 的道理，通过有计划、有针对性的活动，合理安排锻炼的项目和时间，就可以提高学习的效率和锻炼的效果，从而更好地完成高中阶段的学习任务，为高考冲刺打下坚实的基础。

高三阶段是我们毅力、心态的比拼阶段，到了后期更是身体素质的比拼。经过一轮漫长的复习，很多同学都会有一种心力交瘁的感觉。在二轮复习以及后期的冲刺阶段，总有一些同学由于身体状态跟不上，导致成绩下滑，高考成绩不理想。而那些身体素质较好的同学依然可以以良好的状态奔赴高考，实现自己的高考目标。到了那个时候，健康身体的重要性会更加充分地体现出来。所以，我希望大家在第一轮复习初期就要坚持锻炼身体，保持一个良好的身体状态和精神状态。

良好的身体状态是我们在高三阶段稳步前行的保证。高三的锻炼也是长期的、循序渐进的。我们的锻炼强度不需要太大，也不用太频繁，只要每天养成锻炼的习惯就可以了，比如可以在早起的时候做做操，在傍晚放学的时候去操场跑几圈，或者睡前拉伸下身体。

【暖心暖语】

每天适当运动有助于强身健体，让学习事半功倍。

上课太无聊，不如出去释放天性

逃课、逃学是非常不好的事情，我们一定要杜绝，连想都不能想。上课会感到无聊有各种原因，我们要找到症结所在，解决这个问题，让自己能从课堂上找到乐趣。不想远离课堂，学习才会主动，学习自然也能进步。

【病症】逃课逃学

我们对"逃课""逃学"这些词肯定不陌生,做这些事的同学都是"有勇气"的孩子,尤其是高三还逃课的!但这种"勇气"实在要不得!

高三这一年中,我们除了日常学科课程,还会有很多自习课,尤其是一天中的最后两节课,很多时候就是用来自习的,中间不同学科的老师有任务时会随时进来补课。

"自习课我回家也可以补,现在还不如去看比赛!"

"手痒了,想打游戏、打桌球。"

"真的学不进去了,今天有美国大片上映,去看吧,就一天。"

也许只需要类似上面的一个小小的理由,逃课就开始了。更为严重的是,这种"胆量"是在每一次尝试中壮大的。有的同学第一次逃课没有被发现,就会产生侥幸心理,就有了第二次、第三次,慢慢地,逃课就成了习惯。

偷偷逃课出去玩会让这些同学有一种刺激感,而且这种感觉会上瘾,不逃课会不舒服。一些同学经常逃课,老师劝、父母教育都没有用。这些同学只要到了某个时间点就开始坐不住,无法踏实学习,心里只想着逃课之后要去做的事情,甚至会不由自主地收拾起书包来。老师们"围堵"逃课学生的事也是层出不穷。

网吧是逃课同学常去的地点,有些学生经常一去就是半天,尤其是一些住校生,宁可晚上逃自习课也要去网吧。

同学们逃课屡出新招,老师们也废寝忘食地找方法希望杜绝这种现象,一方面是要让同学们能回到校园,回到教室学习,另一方面也是关心同学们的安全。

【良药】找病根

有时候,逃课、逃学是心病造成的结果,只有知道病因在哪里,才能对症下药。客观地分析学生逃课的原因,可以分成学校、学生自身以及社会这几个方面。

(1)学校的原因。有个别老师上课,一节课上完,不知所云,连基本知识点都没讲到位,更不用说突破重点、驾驭难点。同学提出疑问,老师竟不知如何回答,且做起题来错误连篇。一本教案用了好多年,毫无新意,如果老师这样授课,学生自然不会想要听他的课。

有的老师教学方法陈旧,照本宣科,搞"填鸭式"教学、"一言堂",同学们基本上没有发言权。课堂是学生们的课堂,需要学生们积极参与。老师只是引导者,传道解惑,所以课堂上保持良好的互动,老师和学生彼此尊重,能自由发表自己的观点,才能更好地开展课程的教与学。

还有一些学校存在课程设置不合理、监管不到位等问题。长此以往,同学们都会对课堂有负面情绪。

(2)学生自身的原因。有的同学逃课真的是因为不爱学习,一节课 45 分钟,听课如听天书,味同嚼蜡。跟别人聊天吧,老师在讲台怒目而视；睡觉吧，趴在桌子上，又怕老师看到直接点名，或者自己鼾声如雷。综合考虑下，不如后门溜之，来无影去无踪，留一请假条，理由很多，诸如身体不适、家有急事等。

而有的同学逃课是习惯导致，从小逃到大，现在让他乖乖坐在教室里，他有些不习惯！这类同学逃课时已经可以做到从容不迫，即使被老师抓住，也是言之凿凿、理由充分。这类同学往往是缺乏未来目标的，在他们眼中似乎一切都无所谓。即使在教室里，他们也会虚度光阴，不会认真听课。如果能把他们浮躁的心收回来，那么相信他们在成绩上也会实现突飞猛进。

还有一类同学是"赶潮流"的，做事缺少自己的想法，看人家怎么做自己就怎么做。美其名曰：顺应时代。殊不知这样容易出乱子。我的周围真有这样的同学，他们逃课不为别的，就是看到别人逃了，自己不逃难受。

（3）社会的原因。世界太精彩，无论是物质的还是精神的。琳琅满目、精美绝伦的商品，如梦如幻的奇景，都能令同学无法静心读书，与学习大道渐行渐远。这些都给同学逃课提供了契机。且有时教师的压力、工作的辛苦使他们无暇细致地与同学家长交流，反映孩子的情况。还有些家长的错误认知使他们没有走出与老师沟通的第一步，"孩子在校是你们老师的事，交学杂费才是我们家长的事"；"分工如此，事不关己，远远躲起"。正因如此，有些对自己不负责的同学在老师和家长的交流真空地带肆意发挥，造成老师和家长对学生的逃课竟然均不知晓。

还有一种比较特殊的"逃课"行为,就是有的同学确定了自己高考的学科内容,就开始"有选择性"地听课。比如学习理科的同学,抓住机会,适当逃文科课,为自己争取更多时间复习理科科目;文科生则反过来为文科科目谋求更多时间。其实,这也是一种不好的逃课行为。

即使不是我们需要考试的学科,但已经安排了的课程,都应认真对待。当然在课下,我们可以有侧重地安排学科学习的时间,重点放在自己选择的科目上。

现在我们了解了逃课现象的症结所在,那我们有逃课的想法时应如何处理呢?不离开课堂,就是没有逃课吗?要知道,世界上唯一绝对公平的就是时间,这一分钟过去,就再也回不来了。所以,我认为学生在面临不利于学习的思想状态时,首先要做到一点:对自己负责!

【暖心暖语】

找到逃学病根,将学生的义务进行到底。

高中,青春萌动的好时节

处于青春期的孩子对异性充满好奇,相互交往无可厚非,但是如果发生早恋,造成情绪波动,影响身体健康甚至学业发展,那么我们就必须学会克制和放弃。

【病症】春心萌动

高中阶段的少年们刚好处于青春期，在这青春萌动的阶段，可能会因为各种原因对某个人产生"心动"的感觉。

"不要错过一段美好的感情，所以我要好好爱一场。"

"不在压力中恋爱，就在压力中变态。"

这些是流行在学生之间的话语。但作为高中生的我们应该明白：此时我们的感情观还没有完全成形和成熟，所以在做决定的时候会比较冲动，会被自己的情绪所左右，这种波动无法平衡好学业和青春的萌动。

一个学习成绩一直中上的性格内向女生，突然成绩下降。老师通过了解后才发现，她喜欢上了隔壁班篮球队的队长，整天都默默关注这个男生的动态，在学习时根本无法集中精力，甚至学习的时候还在纸上画那个男生的头像、写他的名字。

一个男生因对心仪对象表白被拒而陷入悲伤，每天想做的事情就是在本子上写出自己的心情，哪有什么心思学习？

春心萌动不是错，错的是不能正确处理这样的感情。本来爱情就是非常复杂的事情，更何况是高中阶段的懵懂。有的同学瞒着家长和老师花很多精力去策划一场约会；有的同学直接因为恋爱的问题和老师、家长闹情绪。

"剪不断，理还乱"的感情会直接影响学习的状态，尤其是处于高中阶段的同学们还无法判断这份悸动是源于真正的爱情还是因为压力导致产生的精神寄托。

在错的时间产生的爱情总会带来不圆满的结局，所以，为什么不把最美好的初恋留到最对的时间呢？

【良药】学会控制

高三恋爱的最大可能是因为需要精神寄托，而这种寄托有可能是来自对高考的恐惧。因为学习压力大，从而需要借助其他事情转移注意力，这时候刚好身边有这样一个人出现，于是可能就会对此人产生一定的依赖，从而形成一种情感。高中阶段的爱情很多时候就是一种情绪的宣泄。我们有压力，但和父母老师之间的沟通总会出现各种问题，面对身边的同学又无法吐露心声。此时有一个知己正好填补了我们此刻最大的需要，如果是同性可能会成为最好的闺蜜、兄弟，而如果是异性则极有可能发展成为恋人。

高三的恋爱还可能源于逆反心理，这是一种对高考、对学校、对家长、对老师无言的抗议。"你们越要管我，我偏要证明我是一个独立的个体！"用恋爱这种看似成年人的行为来表明自己的独立，从而摆脱大人们的控制，认为恋爱这个行为是一种可以证明自己"长大"的工具。

高三恋爱的群体中，还有一部分是源于从众心理。有的同学喜欢随大流，认为似乎这样比较合群。

此刻可能会有同学对以上的观点进行反驳:"错!高三还恋爱,是因为真爱!这是我们的爱情!"

那么我也想问一句:"你知道什么是爱吗?你知道爱包括信任和责任吗?此刻的你有能力对另一个人负责吗?"

"喜欢是放肆,而爱是克制!"高三关键时期,爱情突然降临,这时候要做的是克制。你需要做的是成为一个更加优秀的人、有担当的人,可以充满自信地对另一半说出那句"请让我照顾你"的人,而不是在前途未卜之时,奋斗的轮船还没启航之前就开始一段没有未来的所谓的爱情。

可以非常明确地说:高三这一年,不是应该谈恋爱的时间。

高三生真正要考虑的是自己想要的到底是什么,想要成为什么样的人,最终的目标是什么,当然,也可以考虑自己想要陪伴的另一半是怎样的人,然后靠自己的努力去朝着这些方向前进。高考则是你实现这些理想的第一步。当你通过了高考,站到一个更高、更宽阔的平台上,你所遇到的人、所遇到的事情,都会变得不一样。

当我们成长得足够优秀,那个和你站在同样优秀位置的人会越过千山万水找到你,所以我们不要急于去爱,要学会沉淀自己。

"如果我们确实相爱了,怎么办?难道要硬生生地分开吗?"

相爱不是一件容易的事情。我不支持"棒打鸳鸯",而且我相信如果老师或者家长强行要求在一起的小伙伴分开会适得其反,逆反心理会让他们的感情堡垒更坚固,反而会出现更加不好的结果。

如果两人彼此欣赏,想要延续这段美好的情感,那就将其转化为学习的动力。在学习中相互鼓励、帮助和竞争，制定两人携手前行的高考目标，为彼此的未来做好规划。

在清华、北大的学生中有很多这样的高中同学最终成为情侣的。其中就有一对，在高三的时候，他们相互督促和进步，一起进入名校，然后顺理成章在一起。由于高考那段时间的并肩作战，他们的感情也因此非常坚固。

还有一对现在孩子都有了。高二时男孩是一个不用心学习的学生，女孩的成绩考个"一本"没有问题。这时男孩喜欢上了这个女孩，但是他知道只有跟上她的脚步自己才有机会和她在一起，于是他找到了奋斗的目标。高考志愿时他们选择了同一个城市的大学，两人都考上了重点本科，女孩被男孩的努力感动，在大二的时候两人选择牵手。

初恋是非常美好的，很多人会铭记一辈子。而高三时发生的初恋，影响学习的不是恋爱本身，而是恋爱的目的和恋爱的对象，只要我们明确自己在高三这一年中最重要的任务是学习，那么即使真有春心萌动的时刻也会把握好尺寸，甚至可以让这种萌动带来积极的效果。你要相信，如果这份情感是值得珍惜的，那么通过高三的考验、高考的洗礼之后感情会更加牢固。

【暖心暖语】

如果高三恋爱了，请将这份感情着重放在相互提升上，让彼此变得更好才最重要！让我们一起成为"最好的我们"。

为什么什么事情都不顺利

到了高三，有的同学感觉做什么事情都不顺利，认为自己什么也做不好，一直否定自己的能力，将自己放入一个负能量围绕的生活学习圈。在高考复习阶段，这是非常不好的心理状态，我们要学会从小事上找到成就感，慢慢建立自信。

【病症】自我否定

"这次考试真不公平，隔壁班老师都在课堂上讲过最难的那道题。"

"真是太倒霉了，流年不利啊！"

"完了完了，老师又要找我爸妈来谈话了，看来我是没救了！"

到了高三，有些同学会出现一种消极的态度，他们认为自己什么事情都做不好。学习成绩上不见起色，还时常会遭遇一些"考砸"的打击；学科老师似乎完全忽略自己；父母天天在耳边念叨的都是"你看看这种成绩参加高考该怎么办，能报个什么学校"的担忧；同学们个个都在进步，似乎只有自己原地不动甚至在退步……

一开始，遭遇一次考试失利的时候我们还会自我鼓励，但经历了接二连三的失利之后我们就会对自己下结论：原来我就是这个水平了，原来是我高估自己了！

这是非常可怕的心理状态。高三阶段如果出现自我否定是非常不利于考试的，尤其是最后三个月。

有的同学"一模"成绩不理想就想着放弃，认定自己什么事情也干不了，于是在复习上就不上心了，连冲刺的劲头都没了。这样势必造成高考的成绩会更差！

高考不能考出满意成绩的主要因素之一是同学们自信心的缺失。因为我们如果不相信自己，在情绪上会紧张和压抑，导致学习效率降低，这些都会直接影响学习效果。

"为什么看起来我好像什么事情都做不好呢？"这个问题是一些同学在高考前会不停思考的，其实就是学习上遭遇挫折却没有很好地去分析原因而选择了抱怨。

我曾经带过一个高三的学生，她一直是非常优秀的，但进入高三却连着考试不理想，一下子失去了信心。当我们一起静下来去分析试卷和状态时，发现她的问题不是在于知识掌握不好，而是心态出了问题。因为对自己的要求很高，所以不允许自己犯错，只要平时做题或者测试稍有不理想的情况，就会怀疑自己。在考试过程中变得患得患失，导致出现做题慢、考试时间不够、应试过程中容易慌张等问题。

越到高三，我们越要有一颗强大的心，保证自己能应对在学习中遇到的问题。我们需要认可自己，相信自己的能力。

【良药】肯定每一次"完成"

我们是学生，犯错是非常正常的，重点是要能够进步！当我们发现自己生活中都是不顺利时，要好好思考：自己是不是心理状态出现了问题，或者近期的学习状态不对，然后去找到解决这些问题的方法，而不是一味地抱怨。

自信心不足是不利于学习的，所以提高自信心非常关键，而努力是建立自信的基础。我们可以全身心投入到一天 11 节课的课堂里，可以一天写完 3 套卷子、用掉两支笔芯，可以早起半个小时背诵英语单词或语文古诗，可以用玩手机的时间弄懂一道数学题，可以利用看闲书的时间做一套完形填空或语文阅读，可以把逛街或者打游戏的时间用在复习一门学科知识上……总之，总有人可以做得更努力，而往往更努力的人更优秀。这些努力让他们变得非常自信，即使遇到挫折他们也能很快调整好自己的心态重新上路，因为他们相信自己，这一次"摔倒"不是最后的结局，而前行路上他们可以把未来把握在自己手上。

我们不应害怕失败，要肯定自己的每一次"完成"。高三复习阶段每天的任务非常多，那么我们就化大为小，将大量的学习任务分解成为一道题、一个单词、一篇阅读等，然后在规定时间内完成这个小任务就是一次小小的成功，我们要肯定自己的付出。当这样积极的暗示多了之后就会积累很多正能量。我们只有走好每一步，才能坦然面对最后的考试。

跟着老师走是"大锅烩"，自己的小计划是"小勺喂"，"大锅烩"要吃饱，"小勺喂"也要喂好。制订一份留有时间弹性的小计划是每一位考生都应考虑的好办法。制订科学可行的小计划，须是能顺利完成的，不要想着一下子把自己"喂成大胖子"。

我们需要学会调节情绪，保证自己能有一个自信、乐观、积极的心态。研究实验说明，如果我们的情绪是欢乐、健康、愉快、喜悦、自信的，脑啡肽的含量也会随之上升。脑啡肽是调节学习心态的天然"快乐剂"，养成积极乐观的学习心态有利于大脑脑啡肽分泌的增加。每天应该随时用自我想象、自我暗示、自我谈话、自我反省、自我激励、自我鞭策等多种激发方法突破自己心理上的学习高度极限，激发出内心的巨大潜能，使自己每时每刻都处于心静如水又充满斗志的自信的学习状态中。我们自己潜意识中隐藏的学习能力是无法想象的，哪怕是激发出一点点，也能迅速优化你的学习状态。

有的同学期望自己在短期内能够大幅度提高总分，这种想法容易使人变得心浮气躁，因为短期内大幅提高成绩是不现实的。在学习过程中，你会眼睛看着数学，心里想着英语单词还要背一背；一边做着物理题，一边想着语文作文……所以最后变成了一会儿翻这本参考书、一会儿看那本习题集，一晚上做几十道题还嫌少……这些都是蜻蜓点水式的做法，并不能提高学习效率。

复习是一个潜移默化、厚积薄发的过程，成绩的提高和能力的形成不是一蹴而就的。衡量复习效果的高低也不是以看书多少、做题多少为标准的。精做一题胜过泛做十题，精透一页知识胜过粗翻一本书。

我相信，通过每天的坚持同学们终会看到回报，比如在一次小测试中有一个好的成绩，或者某次解题中的顺利解答……这些都是自信心的来源。越临近高考，就越要相信自己。在复习阶段不要害怕失败，因为这些失败的经历给了你更多机会去纠错。

当一次次不顺利之后你都能立刻处理和改正，那么剩下的就只有顺利，很多成绩好的学生都会谦虚地说一句："我一直很幸运！"其实这些幸运的背后都是他们平常积累的努力。

【暖心暖语】

努力才有幸运，付出才会有好结果！

用天天"努力学习"的样子感动自己

有的同学好像每天都非常努力，但其实啥也没学到。高三的复习不能只走形式，而是要脚踏实地，保证真正有进步。如果我们能保证学习效率，无须一直处于学习状态中；如果我们学习无效率，即使天天坐在书本面前，做的也都是无用功。

【病症】假装努力

有的同学每天都在教室里坐着，安安静静地看书。有的同学想用抄写积累些美词美句，但认为反正是抄写，那就一边看电视一边抄吧；有的同学本来计划要整理错题集，发现挺麻烦的，最后决定就对着试卷看看得了。总有这样一些同学，平时让人觉得几乎花了所有的时间在学习上，但是成绩却并没有什么进步。为什么？

我有一次印象非常深刻的经历：高三的一次小长假，作业非常多，有很多试卷，但是我却迷上了一部一天播放几集的电视剧。我不能不完成作业，但又想看电视，于是我边看电视边做作业，不会的就直接找同学抄。结果就是，假期后我的综合考试成绩直接从年级前五掉到了年级四十多，不仅我自己不能接受，连老师和爸妈都吓了一跳。尤其是父母非常不解："这几天在家里孩子每天都在做作业的，不知道是什么原因。"

我自己非常清楚成绩下降的真正原因，就是我根本没有复习，就连作业都没有认真完成。因为虽然我的手在写字，但是我的大脑却想着电视。当时我对作业的态度就是尽快完成，而不是要通过作业考查自己的能力或者要通过做题来查找自己掌握知识还存在的漏洞。我很清楚，即使我埋头学习着，耳朵真正听的是电视里发出的声音，想的是剧情发展的情况。

这种假装努力的行为非常可怕，是学习上的自欺欺人。在旁人看来：这学生真爱学习，都没见她出门玩，肯定在学习。自己也会认为：我天天捧着书，写着字，真的是尽力了！

但努力并不等于优秀，更何况是假装努力！

【良药】真正的努力

正如我一直强调的：学习是自己的事情！假装努力是给别人看的，有没有学到知识，只有自己清楚，考试可以立即检验这段时期学习的含金量。

如果真的因为一些事情在学习中分心，还不如放下手头的学习任务，投入到那些事情中，结束了事情后再全身心投入学习。学习最怕的就是花了时间，但是未见到任何效果，得不偿失。

同学们在高三阶段的学习，一方面是任务重，另一方面是时间紧张。所以在学习过程中我们必须讲求效率，做到"专心"两个字。

孔子带着一群学生在凉亭里休息时，看到一个老人拿着涂有树脂的竹竿在捉蝉。老人的技巧非常好，百发百中，简直是出神入化。学生中就有人问老人："您这么厉害，有什么秘诀吗？"老人回答："蝉是很机警的昆虫，一有动静就会飞走。因此要先练习拿竹竿时能纹丝不动，甚至在竹竿上放两粒弹珠也不会掉下来，就可以开始捉蝉了。如果练到放五粒弹珠而不掉下来，捉蝉就像伸手拿东西一样容易。所以我捉蝉的时候，专心致志，天地万物都不能扰乱我的注意力，眼睛里看到的只有蝉的翅膀，能够练到这个地步，还怕捉不到蝉吗？"孔子在一旁教育学生道："只有锲而不舍，专心一意，才能把本领练到出神入化。"

高三学习更是如此，我们不像老人那样只练习一项绝技，我们有不同学科需要去学习和练习，那么在学习中更要重视"专心"的作用，要控制好自己的注意力。

要做到专心，最有效的方法就是使用任务制，给自己设定一个任务目标，完成时间不需要很长的那种。比如要求半小时内完成四篇英语阅读理解，然后利用15分钟对答案，15分钟分析问题并做好错题集和重点知识的积累。这样1小时的任务非常明确，而且我们也知道自己每分每秒应该做什么。

当我们真正投入到这些任务中时，往往会被其中的内容所吸引，很自然地就会专注起来。

【暖心暖语】

学习不是学给别人看的，而是对自己负责的一种行为，如果选择投入时间学习，那就要保证其真正发挥作用。

这部分内容我听懂了，不需要再学

不懂装懂是我们学习中的大忌，尤其是高三时段，我们本来的任务就是查漏补缺，找到自己的不足之处。如果明明不懂却要装懂，那么高三的复习就没有达到查漏补缺的目的。我们要严格检验自己在学习上的全面性，将不会的内容都弄懂。

【病症】眼高手低

老师在讲台上："同学们，这一题其实是关于方程的求解……"

学生A："原来是这一章的知识点啊，我一开始没意识到……"

学生B："哦……原来是这样解答的啊！不用听了，会了。"

学生C："老师的解答和我的差不多，反正我做对了，不听也可以。"

很多同学在听课过程中会有这样的想法。尤其在进行试卷分析时，同学们总会认为在老师讲题的时候都是听得懂的，所以不需要再"浪费时间"听讲。

很多同学在平时做题时，遇到一道不会做的题，就拿出答案来看。看完就下个结论："嗯，这一题我看懂了，我会了！"

到了考试的时候遇到的情况就是：他对这一道题似曾相识，但真正下笔解答时总是丢这个少那个，解答到最后自己也不知道有没有做对，反正就是把脑子中记得的内容写在试卷上，管它对不对，看造化吧。

你去问他："这类题型你懂了吗？"

他会自信地说："懂了啊！不就是讲某某知识点！"

你期待："那你把这道题完整地讲解一遍。"

他就开始支吾："呃……第一步应该是……"

这就是很多同学遇到的问题，一看就会、一做就错。平时不愿意真正去动手做题，眼高手低，对很多题都是一知半解。结果就是，让自己走入了掌握知识的误区。

【良药】熟能生巧

《论语》中说："知之为知之，不知为不知，是知也。"这句话的意思是强调我们做学问时应当具备诚实的态度，知道就是知道，对不知道的东西，我们不仅应当老实承认"不知道"，而且还要敢于说出"不知道"。

高三的学习过程是一样的道理，因为我们没有时间再回过头重新看这些错过的知识点。所以在遇到有不明白的问题时就要及时抓住，然后去解决这些问题，不要让自己错过这些问题。

造成"眼高手低"的原因很多，有些新知识在学习的当下我们好像是记住了，但其实只是对它们有一个初步的认识，并没有深入理解，这些我们仍旧一知半解的新知识还未被融入自己已有的知识体系中，就造成了在解题时无法自如运用的现象。

我们和一个陌生人认识，一开始先要相互介绍自己的情况，比如姓名、背景等，然后我们在下一次见面时会认出彼此，但其实这时候我们并不了解彼此的性格爱好等。做题也是一样，从最初的认识到后期的融会贯通还需要一个"相处了解"的过程，而这个过程就是通过解题来深入的。

没有深入学习，对于知识只能是一种"认识"而不是"掌握"。不少同学在学习过程中不讲求方法，这也是造成"眼高手低"的因素之一。没有方法就只能死记硬背，往往在知识点换个形式出现时就会手足无措，不知道如何下手，甚至都没有看到这个"带着面纱"的知识点的本质。

另外，在学习新知识之后没有及时复习也是造成"吃不透"知识点的原因，因为新知识如果没有被强化和巩固很快就会从记忆中淡化掉。

以上各种原因综合起来就是：不够熟练。

我们要改变这种现象就要做到勤奋，不断复习知识点，做题达到熟能生巧的程度。

说到"熟"字不得不提到做题，我的态度就是：适当多做题，养成好习惯。有些同学说："我不想进行题海战术！"所以我们需要做到"适当"，在选择题量和题型时要做好准备。

如何达到熟能生巧呢？我们要从新知识学习开始，上完课要整理自己的课堂笔记。这是一次对知识点的梳理，也为下一步做题打下基础；课后作业一定要踏踏实实地做，一方面是测试自己是否确实掌握了知识点，另一方面也是了解这个知识点的出题类型，标出自己不会的题目；想办法弄懂这些做错的地方或者不会的问题，可以通过老师的授课以及向同学请教等方法；把重点错题积累下来，把题目抄写到错题集上，然后再完整地解答一遍。

这是新知识学习过程中不可忽略的一个步骤，我们在高三复习中更要充分利用这些平日里的题型积累和易错点的积累。

如果我们在解答某个题型的过程中还存在着犹豫的感觉，一定要重新找一些类似题型来训练自己的思维，真正做到彻底掌握。

我们做题多了自然会熟能生巧，自然会产生一些新的想法，比如有的同学可能自己总结了某个知识点解题的思路和方法；或者触类旁通地将一些方法运用到其他学科中等，这就是所谓的"巧"。

当我们发现了有自己不熟悉的知识点时就应该像找到宝贝那样去仔细研究。如果不去好好研究可能就会忽略掉这些很有可能出现在高考试卷上的知识点，造成丢分。

高三复习阶段，要珍惜这一年的机会，在题目中多多反思，总结知识网络，将知识点进行系统化，并悟出规律和特点，找到自己的学习方法，相信学习会变得有趣。

【暖心暖语】

当学习中有了"巧"，学习就会变得轻松和充满乐趣。

我就是太粗心，下一次不会错

粗心不是借口，粗心只能说明在做题时依然生疏且注意力不够集中。粗心比一般的不懂更可怕，所以我们应该更为重视粗心的问题。高三阶段，我们要关注自己容易犯错的地方，不要让任何小问题成为自己高考前行路上的阻碍。

【病症】粗心是万能借口

"啊！又少标了一个小数点，下一次肯定不会错了！"

"这一题我其实是会的，就是粗心了。"

"看错了看错了，太不小心了，下一次肯定不会出现这样低级的错误……"

这是考试结束之后最常听到的话，我也经常发出这样的感慨。

每一次考完试，我们对最终的得分总会有自己的判断，而对那些标着"红叉叉"的错误我们更会有很多自己的认知，而往往这些被老师批改后的问题，我们自己往往也能一眼就看出问题。而自己在考试中即使有过检查，眼睛也会像被蒙上了一层轻纱，无法发现这些问题。

对那些很简单的错题，同学们可能不会重视，因为一眼就能看到在哪里出错，是所谓的"低级错误"。

"我其实都会的，如果我这一题看对了，那一题算对了，我就能考到九十分以上，这在我们班已经是前五名了。"

但是往往说这样话的同学基本没进过班级前五名，下一次他还会因为其他各类的"粗心"问题丢分，得到一个尚可的成绩。

很多老师和家长在评价某个孩子的时候总会有这样一种说法：这孩子其实挺聪明的，但就是容易马虎，考试中那些难题都做出来了，但是在做基础题时却不是看错题就是算错数。

这样的孩子比例不在少数，说明粗心这个学习的天敌无关乎智力，那么关乎什么呢？

相信大部分同学都曾经用"粗心"为自己考得不好开脱过，但他们却不会思考自己为什么会粗心大意。

【良药】细心成习惯

从分数的角度来看，粗心和不会做没有什么区别，两者都会导致失分。从学习的角度来看，粗心比不会做更可怕，如果这类题型我们不会做，通过不断的练习会逐渐理解进而最终掌握；如果是粗心，我们怎样才能保证下一次不会粗心呢？

粗心不能成为我们考试成绩没有达到预期的借口，因为粗心是结果，不是原因！所以如果我们将粗心作为自己考不到好成绩的理由，就永远不会改变这种状态。其实从统计学的角度分析，我们可以看到粗心并不是端正态度就能改变的问题，而是一个关乎实力的问题。

每个同学对知识点的掌握程度是有差异的，如何来了解自己掌握程度的深浅？我们可以通过错题率来量化，如果错题率低就表明对知识点掌握得很好，反之则掌握得不好，所以考试过程中得到满分的概率也会低很多。所以"粗心"导致错误并不是态度不佳，而是对于知识点掌握程度不高，且注意力不够。提高解题正确率在需要保证态度端正之外还要提高知识点的掌握程度。

对于"粗心"的问题首先我们要分析原因。其实，不同的学生都会有自己的学习习惯，有些好习惯可以直接帮助我们提高学习效率，而坏习惯就会导致一些考试中的失分。如果学生的学习态度有问题，在学习中不假思索地急于解答，势必会出现错误，比如：平时基本功不扎实，复习不彻底，就会顾此失彼，屡屡出错；性格大大咧咧，做事不讲求顺序，就会变得毛手毛脚；考试时间没有规划好，就会导致时间紧迫、做题不规范。

从态度、习惯、方法等角度去分析，"粗心"意味着我们在这些方面或多或少出现了问题，所以如果想要改善，就要对症下药，克服掉自己的一些小毛病。尤其是高三阶段，更要把每一道题都看成一个机会，在复习的同时还应纠正"粗心"的毛病。

我们在态度上需要做到积极主动，要清楚地知道：处于高三这个特殊的时间段，我们不能浪费时间；学习过程中的任何细节都不能随便糊弄。我们在日常学习生活中要培养自己注意力集中的好习惯，这个习惯会帮助我们更细致地审题、解题。比如，整理书包的时候要把当天的作业以及需要上课的材料准备齐全；自己的书桌每天都要整理清楚，文具、书籍放在哪个位置都要清清楚楚。好的习惯能培养好的意识，就比如我在学习中很喜欢把当天需要完成的事情都写出来；小时候做家务之前，我也喜欢把要做的事情事先写出来。其实在学习中也是一样，只要按时完成事先列出的任务就可以，这就是养成习惯之后带来的效果。我们还需要学会检查，这是一项非常重要的能力，尤其是在短时间内检查尽可能多的题目。正向检查法是指从第一步开始，看题解题答题，每一步都重新检查一遍；反向检查法就是指验算，这个方法在一些特殊题型中非常实用；重做法是指时间充裕的条件下在草稿纸上重新计算，看看是否和第一次的答案一样。这些方法在平时就要经常使用，才能在考试中提高效率。

我们要明确错题集的重要性。将作业、课题测试、考试中出现的问题进行一个大汇总，但不是抄写题目，而是进行分析。要直接针对错误的原因进行剖析，即使只是一个小数点的问题也要明确为什么小数点会点错。当错题集整理到一定数量之后，就要进行总结归纳，尤其是一定要弄清楚自己出错的规律，然后找到改正错误的直接方法。

这里可以推荐一个小诀窍——标示法。我们可以在自己容易出错的小地方进行标注,比如有的同学经常看错某个符号,如果这种情况已经出现很多次了,那么就将这个问题重视起来,可以将这些容易出错的符号用显著颜色的笔标上特别的标示,比如"★"等,那么当这个符号出现在眼前时我们就会立刻想起那些显著的颜色或特别的标示,处理起来就会格外仔细了。

【暖心暖语】

粗心,不是成绩不理想的借口。

第三章

高中真的那么苦吗

高三有多苦?

同学 A：我坐了一年的"牢"，身心俱疲！

同学 B：我"战斗"了一年，遍体鳞伤！

同学 C：我凤凰涅槃了！

同学 D：苦中作乐，乐在其中！

无论是学霸还是普通的学生都有一个共识："高中是苦的，需要付出更多汗水，更需要投入全部的精力。"但学霸总会在后面加一句："高中也是有快乐的，不是那种简简单单的快乐，而是磨砺之后收获成果的满足感带来的快乐。"

最幸福的学生时代

很多高中生认为学生时期太苦，期待长大，成为一个可以自己做任何决定的大人。在他们眼中，大人的世界没有苦苦求学，没有不自由的牵绊，可以自己按照心情作选择，活得很轻松。但事实却刚好相反，我们可以问问那些从学生时代过来的"大人"们：什么时期自己是最幸福的？他们回答最多的答案一定是：学生时代。

学生每天早起去学校，上一天的课，然后回家完成家庭作业，日复一日；大人每天早起去单位，上一天的班，然后赶回家接孩子、做饭、做家务，给家人准备第二天的生活所需，忙到深夜才能入睡。试问：这两种生活哪种更幸福呢？

有人说过，大人的世界里没有"容易"两个字。当一个成功人士光鲜亮丽地出现在众人面前，也许他的身边有助理为他操办琐事，也许他有一个令人羡慕的家庭背景。但当我们都以为他的成功来得容易时，了解内情的人会说一句："你知道他有多努力吗？"这句话并不是什么笑话，而是对事实的阐述。

高中阶段，我们可以通过高考和其他人竞争进入名校的资格，这其中我们要经历两年时间积累、一年时间冲刺。淘汰制度非常明确——学习是唯一的途径。学生只有一个任务：管好自己的学习！生活上父母和学校都是我们的依靠。

【暖心暖语】

学生就要做好学生的本分。

学霸的"乐在其中"

如何做到苦中作乐，高考学霸有话说。

广西高考理科状元覃煜鑫说过:"我也觉得学习挺累的,每天要花大量时间学习,但我很喜欢生物,每当又学到一些新知识,掌握一些新技巧,会很开心。高三复习阶段我的做题量不是很大,主要是完成老师布置的作业。诀窍是'每天花很多精力看书,把课本里的知识完全弄懂以后,再多加练习,学会灵活运用。'"

河南高考理科榜眼李天畅也说,高三生活的紧张,反而让他学会了和家长多沟通,卸下包袱,和妈妈从天文地理聊到柴米油盐,无话不谈,舒缓了很多压力;在和同学们闲聊与欢笑中去缓解精神上的紧张,甚至课堂上讨论问题时的小调侃都能开心一阵,亲情和友情成了高三苦学中快乐的源泉。

贵州高考文科状元林中文认为:高三不熬夜刷题,珍惜课堂上的时间,成绩的进步就是最大的快乐!英语和语文两个科目都准备一个积累本,语文古文背诵的时候先看翻译,理解之后再背,每周复习一遍,亲测有效!

上海高考理科状元李翰飞通过保留兴趣找到了学习中的快乐。她喜欢打篮球并坚持选择篮球课,每周四、周五雷打不动地去练习。在学习上也从兴趣出发,她最喜欢的学科是化学,所以学习中也会满怀兴趣地听课,感受老师讲授知识点中的一些有趣之处。这样的学习时间总是充实有趣,且过得飞快。

江苏省文科状元袁清晗从中考状元到高考状元,一路走来的显著特点就是心态好,自控能力强。平时遇到学习中的困难会通过弹古筝和读书来调节,她认为从音乐中可以得到平和的心态,在读书中这种心态能获得升华。"寂寞的沉积，优美的爆发"是她对自己现状的评价，也是一个追求的目标。

高考状元的故事还有很多，学霸的故事也不计其数。他们中的每一位都有属于自己的奋斗经历，有些曲折坎坷，有些平坦顺利，各不相同，但他们似乎都能找到快乐。我们需要学会苦中作乐，让自己枯燥的学习生活变得丰富多彩。

通过了解每年高考状元的学习历程，我们会发现，几乎很难找到一个状元是死读书的，很多时候我们听到的都是他们兴趣爱好广泛，在学习之余还能有自己热衷的活动。这是为什么？他们都是天才？他们比我们有更多的时间？其实都不是，从他们讲述的细节不难看出，无论是在培养自己的爱好还是在学习方面，他们都能做到专心。

对于每一位考生来说，迎接高考过程中的苦和累是相同的，但如何去处理这些苦累则因人而异。学霸们都能找到自得其乐的方式，让自己在高考这个舞台上绽放光彩，收获成长的快乐。

我们可以选择的苦中作乐方式很多，但最直接、最有效的方式就是学习上的一次次进步，因为这些进步会给学习带来鼓舞和力量。我想大多数人都是希望被别人表扬和赞美的，这种被人认可的快乐会成为下一阶段进步的动力。考试之后，当你看到自己的排名不断向前，你难道不感到激动吗？当老师当堂表扬你获得的成绩时，你难道不感到满足吗？这些都是快乐的表现！

【暖心暖语】

在学习上要敢于付出,付出之后的收获会让你尝到学习的甜头,让你继续以良好的学习状态前行。

苦不苦只有自己知道

进入高三之后,你很快会发现,我们学习的节奏突然加快,这种速度上的转变会让我们产生一种恐惧心理。

"我听说高三很苦,我怕我会坚持不了……"

"我有太多知识不熟悉,高三时间太少了……"

即使这样,我们还是会随着高三的到来进入到高三生的学习状态中,所以不要一开始给自己设定一些心理上的障碍,也不要去事先判定一些未知的情况。我们要做的就是迎接这一年的到来。

高三的苦,只有我们经历过才知道。作为一个经历过高三的人来说,我知道的"苦"有这些情况。

(1)身体吃不消,苦。这种苦一般是个别情况,因为虽然学习任务加重,但是高三的学习时间和高一、高二差别不大,只是会减少一些休闲娱乐的时间。

(2)心理压力过大,苦。大多数同学的苦源于此。而这种压力往往产生于一种矛盾:学习时没有真正投入全部精力,测试时成绩没有达到自己的期望,这种夹杂着愧疚、自责、着急等负面情绪的痛苦让很多同学认为学习太累。

(3) 努力却没有回报，苦。当我们努力付出之后发现最终的结果却没有明显好转，这种无能为力的状态也是让人叫苦的。

第一种情况的苦是个别情况，应该个别对待，一般来说同学们根据自己的生物钟来平衡休息和学习的时间，同时补充合理的营养，加上适当锻炼就能好转。如果情况比较严重的可以咨询医生请求帮助。

第二种情况的苦是现在不少同学面临的情况。其实这是心理因素在作祟。如何"化苦为甜"呢？摆正心态，脚踏实地。首先，我们要知道只有付出才能有收获，所以在学习这件事情上只有不断地努力才能有成绩。其次，要明确努力不一定会成功，所以若成绩暂时没有提高也不能灰心，而要分析原因，选择更合适自己的方法，坚持到底。如果遇到这种苦，首先选择的是放弃，那么就意味着前面的努力都白费了，接下来的痛苦只会不断加深。其实到底苦不苦只有自己最清楚。我知道一些刻苦学习的同学，每天晚上都会坚持复习到 11 点以后，甚至到了周末也不休息。这种日复一日的坚持肯定是苦的，但是他们从好成绩中收获到了快乐，而且享受这种快乐，自然前面的苦就变得微不足道了。而那些天天喊苦的同学，只想着要好成绩，要有好收获，却抱怨学习累，并没有真正付出，最终的结果自然会不尽如人意。他们如果反思自己的学习过程就会发现，当应该刻苦的时候自己却在浪费时间，如果把这些浪费的时间用在学习上，可能早就能看到进步了。

高中生涯的最后一年，我们如何能较为轻松地度过？这是一个大多数同学都会思考的问题。那么反过来我想问，你们是否能坚持做到该努力时努力呢？很明显，高三的学习生活节奏会非常快，时间就像长了翅膀一样。所以，应珍惜每分每秒去吸收知识，这也就是高三生活中所谓的"苦"。

而我们的最大难点就是如何能说服自己坚持去吃这些苦。有的同学一开始还信誓旦旦地表示要开启最后一年的冲刺，然后不到一个月就开始变得浮躁，尤其是成绩不如预期时更会产生逆反心理，心里抵触这种苦学的状态。其实，也许进步就在下一次考试，也许成功已经在眼前，如果放弃，一切都要从头开始。

如果真要问我高三到底苦不苦，我想说有时不苦有时苦：不苦是因为我们只是重复在做高一、高二已经做过的事情；苦是因为当我们付出很多却收获很少时，心里就会比较着急和难受。

【暖心暖语】

学习苦不苦，学生心知肚明，但有的学生愿意为此付出，而有的却选择放弃。

不要被"大而全"牵着鼻子走

有人问我：你喜欢做计划吗？我的回答是非常喜欢！在我的记忆中，每次开学我都对这一学期的学习做一个计划，而学习期间，大到高三复习，小到单元测试，我都会制订一些关于学习或者复习的计划。

我觉得单纯从制订计划这一件事来说，这是一个很好的习惯。关键问题是如何制订计划，制订完计划后如何保证按时实施。

我的经验告诉我："大而全"地制订计划，只会导致效率低下。在学习过程中我们更需要的是"精而准"的计划方案，保证计划能够有效实施才是制订计划的真正意义。

在学习中我们会为自己的偷懒找借口：拖延，完成不了就不想做；有别的"更重要"的事情；中断时间过长，迷茫；不知道怎么做……这些都是潜在的导致"计划遇阻"因素。

我们制订高三复习的第一份月计划可能是这样的。

任务：完成每学科三个章节的复习。

目标：测试中达到班级前十。

以上"大而全"的计划一开始对我们是会有一定的激励效果，但是随后基本就把它当成了写在纸上无关紧要的文字了，因为不知道如何下手。

但如果我们制订的月计划是这样的。

任务：每周完成一章节的知识梳理和错题整理复习（每天有具体安排），月末进行自我总结，利用参考书进行检测。

目标：比上一次进步五个名次，复习完成的三单元内容不能有错误。

相对而言，后一份月计划的复习进度会清晰很多。这份计划明确了复习的对象，限定了复习的内容，规定了复习的时间节点。

高三的日常作息基本是固定的，起床、吃饭、休息就是我们的时间节点，中间的学习计划要灵活，除去课堂时间，剩下的自由时间就是自己计划的重点，关键就是要强调每天的学习任务是什么。一个原则：一定要制订自己可以完成的计划任务量！

很多学霸也会制订作息表，从中我发现他们会将很多"大而全"的任务进行碎片化，分配到每分每秒中，比如将"读完《飘》"变成"每天晚上读《飘》的一章节，背单词"，将"完成数学复习书综合复习内容"变成"每天午休之后10道数学综合题"等。

去完成这些小而简单的任务时，我们会相对没有太大的压力，而且在学习过程中比较轻松，然后对自己的完成结果还可以进行一个评价，这有助于改善下一次任务的完成质量，如此坚持一个月，养成一个好的学习习惯，那么效果也会逐渐显现出来。

高三一年就是这样日复一日地"重复性"生活和学习，而真正的乐趣就在于每天同样时间学习的内容是有差别的。随着时间的推移，我们的学习效率会提高，那么在同一个时间段中我们能完成的内容也会增多，学习也会变得越来越有意思。我认为这就是制订计划的真正意义所在。

最初我们需要计划是因为我们学习没有规律，容易出现本末倒置、"丢了西瓜捡了芝麻"、效率低下的问题；而计划能够帮助我们约束自我，并提醒我们什么时间需要完成什么任务；慢慢地，我们就知道自己应该做些什么，同时也锻炼了自己的自律能力，不断提高自己学习的效率。

【暖心暖语】

如果你不会做计划,或者过去做的计划都没有被完成过,那么你可以不做计划,记住一句话就好:Just do it!(只管去做!)脚踏实地去完成当天老师布置的任务,弄清楚当天复习中留有的疑问。

平衡好计划和变化

对我们来说,制订计划是需要学习的,因为这是一门学问。如果你想要让制订的计划对自己的复习和自我约束有帮助,那么就需要做好实施起来有效的计划方案。

但有一点需要强调,我们不能将过多的时间浪费在制订计划中,因为很多时候计划没有变化快,往往花了半天制订的"完美"计划方案,会因为各种事情需要不断调整和变动。我们的本职工作不是制订计划,而是学习!而且制订计划的目的其实是为了最后无需计划也能按时完成任务。

如果我们需要完成一套高考卷,共四张试卷,按照高考时间和顺序设定,那么为了提高做题效率,一般平时练习所需的时间可以少于高考实际时间。例如:我们预期一张试卷在 1.5 小时内可以基本完成。但在长期的复习过程中,我却不建议大家这么做。

◎ 1.5 小时一张试卷,留 0.5 小时对答案,所以 2 小时完成一张试卷,计划一天内完成这项任务。

◎ 每套试卷安排 3～4 小时，做试卷 1.5 小时，对答案和分析试题用 1 小时，剩下时间可以进行知识点的复习巩固以及错题的收集。

以上两份计划让你选择时，你会发现第一份计划时间紧凑，压力很大；第二份计划时间比较充裕，压力较小。更重要的是第二份计划给我们留了很多"缓冲"的时间，让我们对刚刚学习的知识有一个吸收消化的过程，这对最终掌握知识至关重要。

如果让你一个月甚至一个学期都以第一份计划的强度去学习，那么你会坚持多久？会不会心生厌烦，而且逐渐失去完成的信心。而用第二份计划去坚持则可以变得比较轻松，这就是制订计划过程中预留空间的意义。所以，我一直强调在制订计划时不要让任务太满、目标太高，因为一时实现不了计划中设定的目标肯定会影响自己的信心。尤其是在最开始实施计划的时候我们一定要让自己能顺利完成自己的安排，这样才能有坚持下去的动力。

高三复习中，我们能否有效利用碎片时间非常重要。制订计划的时候我们要明确自己的时间规划，然后将这些碎片时间利用起来。比如课间 10 分钟的利用，我们可以选择用 5 分钟快速回顾下上一次课程的内容，如果有疑问，简单的马上问身边的同学，复杂的先记录下来，等自习时或者放学时再找人问清楚。总之秉持一个原则：不让问题留至过夜！

我们制订计划不要想着要有一个形式，其实只要能达到目的的都是好计划。有的同学做计划一定要有一张很好的纸，或者要有一个漂亮的本子，然后最好画出一个表格；有的同学做计划只要一张小纸条，甚至一句话，就能很好地约束自己实施。

我们制订计划时除了任务安排之外还需要设定一个目标；同样的道理，这个目标不能太高，要循序渐进。尤其是高三的目标，这一年的重点是要完善知识系统，要有一个知识的统筹，可能开始的时候进步不显著，但只要坚持，复习过的内容基本不留漏洞，相信进步会非常明显。

有的同学喜欢和身边的同学比较，我则喜欢和自己比较，因为那个用来比较的"同学"也会有成绩波动的时候，可能不能成为自己成绩进步与否的标杆。但整体的名次却是一个比较客观有效的数据，所以我喜欢看自己的成绩和名次变化，当然最重要的还是要看自己试卷中的错误，以此来调整自己复习的计划。

【暖心暖语】

制订计划时平衡是关键！

有威力的友情亲情

在高三这一年的学习过程中，有人陪伴是一件非常重要的事情，而且总能带来很大的正面影响。但是我们更多同学在面对与家人或者朋友的交流时却选择躲避。

家长对我们的帮助更多体现在生活和心理上，因为我们和家人接触的时间都是非学习状态，所以交谈的往往是学习之外的事情。当然，我认为如果在学习上有问题也可以在家人面前聊聊，甚至抱怨一下"今天考试的题难"之类的事情，不要把负面的情绪埋藏在心里。

家人给予我的感觉就是一个温暖的港湾，无论在外面遇到任何事情，回到这个港湾就充满安全感。同学们在和父母的交流中可能会遇到一些问题，比如对父母的误解、不理解甚至不信任等会让我们拒绝对话。其实，我们换位思考就会发现，这些都是因为他们太关心你却无法帮助你的原因。我们要做的就是多和父母交谈，沟通是最好的桥梁。

我们可以设想下这样的时刻：晚饭时间，妈妈喊你出来吃饭，你刚好被一道政治题搞得头晕脑胀，出来看到一桌子的好吃的，瞬间有了好心情。爸爸妈妈聊着今天遇到的趣事，顺便问问你今天学校里的情况，你简单地说着："老样子，上课、复习、做卷子。"然后你提到刚刚的政治题，没想到爸爸有兴趣，开始和你大讲他的想法，妈妈在一旁还要泼泼冷水，你也加入到了这场看起来似乎有些奇怪的讨论。吃完饭你重新坐下来做那道题就会发现一下子思路清晰了。

和父母进行轻松的交流，可以帮助我们调整心态，也能转换大脑的思考方式，从而有助于重新开启学习模式。

很多同学在高三阶段会本能地避开和父母交流，尤其是躲开关于学习的话题。他们对此的解释是，最怕的就是父母提到我们的学习情况，感觉压力很大。

这是非常正常的，我也是一样，所以往往父母提到"最近学习如何啊"，我都只有一个答案"就那样"。因为我心里总觉得他们帮不上忙,只会给我制造压力。但其实这种想法不对,虽然他们不能指导我们学习,但是他们能帮助我们放松。父母知道自己爱莫能助,但还是想表达自己的关心。

高考成绩优异的同学大多会提到,自己的成功很大程度上归功于父母的支持,尤其是当成绩出现大幅度下滑时,家人选择支持而不是责备,这对考生的情绪稳定非常重要。有时候"不管最后的结果如何,你都是我们的骄傲"这样的一句话可以胜过无数句询问。父母在高三阶段不仅仅是后勤大队长,更是考生们的精神支柱。

除了父母,还有我们的同学和朋友,他们是除了父母之外和我们接触最多的人。有的同学住校,那么平时接触最多的就是身边的同学。我是住校生,我有很多的小伙伴,有的每天一起吃饭,聊聊自己学习上的烦恼以及生活中的趣事;有的每天一起跑步,相互监督;有的在学习上可以互相竞争,然后调侃彼此的不足……

高考并不是一场一个人的战斗,而是有战友、有后援团的。我们的父母、同学、朋友以及老师都是我们可以寻求帮助和依靠的人。在遇到困难或者有疑惑时我们一定要主动向他们伸出求助之手,相信他们会很乐意帮助你渡过难关。

【暖心暖语】

在这场没有硝烟的战争中,我们需要利用亲情、友情让自己变得强大,然后在高考中勇往直前。

静下心来做重复的事情

很多同学不愿意做重复的事情,认为是浪费时间,但其实高三一年就是在做重复的事情。

高三的学习进度:一轮复习、二轮复习、三轮复习、模考、高考。复习就是高三最重要的任务。高三复习的内容就是高一、高二学习的内容,但很多老师都强调一点:必须重视高三的复习!高三的复习符合我们学习、记忆的规律,从三轮复习的时间安排来看,我们不难发现每一轮复习都有自己的特点。

第一轮复习是后面两轮复习的基础和关键,这次复习会结合课本,按照第一次学习时的节奏重新梳理知识点,但又不像最初学习时那样简单,老师会把知识体系融入教学中,让我们在复习过程中就能直接贯穿相关章节。第二、三轮复习还是针对这些重复的知识,但我们需要通过逻辑结构以及知识的内在关系进行复习,以便更好地记忆和运用。这两轮复习更重视运用,要求我们能在解题时做到举一反三、触类旁通,做到"见树也见林",找到命题人的思路。

所以,我们必须要重视高三的"知识回锅",让自己静下心来做"重复"的事情,因为这不是一次简单的重复。

进展良好的第一轮复习能帮助同学们完成一次质的飞跃,甚至能将总分提高 100 分以上,这轮复习的质量是我们能否在高三逆袭成功的关键。经过两年时间,我们对一些学过的知识已经记忆模糊了,甚至没有什么印象,尤其是重要的公式、定理。如果我们出现记忆错误,那就非常不利于后期的综合复习。温故知新，补救和提升在此时就显得非常重要。这里建议同学们要紧跟老师课堂上的复习节奏，抓住复习重点，要明确"基础为王"。

第二、三轮的复习要重视专题，针对一些综合性强、难度高的综合题，要开始理清自己的解题思路，形成解题惯性。

有的同学会困惑：一开始我很认真地跟着老师复习，但是感觉没有什么效果。这时候我们一定要坚持下去，不能就此变得浮躁；如果稍微放松一下，可能就会跟不上老师的节奏，非常不利于整个高三一年的整体复习。

第二、三轮的"重复"会偏重于题型的解答，老师也会针对这段时间的复习进行教学，我们在紧跟老师节奏的同时要去发现自己的知识漏洞，每一位同学都有自己的薄弱点，所以我们要真正去整理自己的知识体系。很多同学都太不重视这个复习环节，认为自己的节奏最重要，这是一种错误的判断。老师根据自己多年教学经验作出的成体系的复习安排，会更利于我们确认薄弱环节，确定复习方案。

那么我们如何梳理知识体系呢？建议在当天老师课堂复习结束之后就拿出过去的错题，将相关的题型进行归纳和总结，分析自己的出错原因，对这些错题进行精简，相信有些错误此刻的你已经不会再犯，这些题就可以从错题集中去掉。结合老师布置的作业来总结这些题型，如果没有作业就自己找参考书进行检测和模拟，以此判断自己真正的掌握程度。这是一个系统的复习过程，也许完成一次很简单，但关键是要坚持到底，直到自己的错题集变得越来越"薄"，最后可能只剩下一页纸的内容，那么高考就胜利在望了。

我们如何能高效地开展以上提到的第二、三轮复习过程呢？关键还是第一轮的"重复"，所以这三轮复习是相辅相成、缺一不可的。只有第一轮复习做得完整和有效，在第二、三轮复习时才能真正有时间梳理知识网络和进行题型攻关。所以我们不要小看这一轮"回归课本"的复习，这将是最后一年能否逆袭的决定因素。

【暖心暖语】

静下心来，把重复的事情做到极致，高考的那一张试卷也不过是千百张试卷中的一张。

良性"攀比"的竞争真的有用

前面提到，在我们的学习过程中总会存在一个隐形的对手，或许这是我们自己给自己设定的，或许是老师有意给出的，或者是家长无形中对比得来的，无论怎样总有一个"她/他"让你"又爱又恨"。

我从小到大的竞争对手是我的表妹，从小学到初中再到高中我们都在一个学校，尤其是小学、初中我们还在同一个班级，所以老师家长都会拿我们两个做对比。虽然我心里不是很喜欢这种竞争带来的压力，但不得不说正是由于这样的压力，让我不断督促自己不放松、要努力。当我想要停下学习时，我会想一下表妹现在是否还在努力，自己不能落后。到了高中，我和表妹一个选择理科一个选择文科，即使如此，我们还是有一定的竞争意识。

另外，在班级中，我们也能找出一两个和自己水平差不多的"竞争者"。我记得我最直接的竞争者就是我的同桌，我和他整体水平差不多，我的化学弱一些，他的英语弱一些，我们在综合排名上总是不分上下。如果考试成绩出来我不如他，他会不留情面地说一句："要努力了啊……"反过来如果是我"赢了"，那我也会"刺激"他："这次你输了！"虽然在成绩的竞争上我们"攀比"得非常激烈，但在平时的学习中我们会经常一起探讨学习方法和技巧，帮助对方更快地提高。

良性的竞争总会带来积极的效果，反之则会带来双重负面的影响。同学之间的不当竞争会造成两个人连普通朋友都做不了、相互冷战的情况。比如，同一个宿舍的两个同学成绩差不多，存在竞争关系，于是两个人相互躲避，学习状况不让对方知道；两个人因为一个小误会对彼此都有成见，不沟通交流，相互嫉妒……

我们找一个可以竞争的"对手"不是真正去和对方较劲，而是把对方当成一个参照的对象，用来督促自己。我们要清楚，最后往往和我们竞争同一所学校名额的人不是身边的同学，而是全省乃至全国参加高考的同学。我们要把目光放远一些。

这个身边的竞争"对手"是为了督促我们不停止，持续前进，并能相互帮助、共同进步。有时候这个"对手"是一个警钟，比如我们这一次考试成绩出来，他进步了，而我还原地不动甚至退步，以此警告自己前期不够努力；有时候这个"对手"是一盏明灯，比如我们平时在学习上的付出基本相同,但是他的成绩比我要高,这说明我的方法出了问题。

我们要学会主动帮助他人,不吝啬自己帮助他人的"好心"。其实学习中帮助他人能给自己带来很大的好处,给对方讲解的过程就是自己复习的过程,尤其是和"对手"的交流和讨论非常有价值。两个人的学习能力差不多,学习的时间也差不多,但成绩却差很多,那成绩好的一方能明确给成绩略逊的一方提出自己的建议,帮助对方更好地学习。良性竞争的意义就在于此。

两个好朋友之间可以形成这样一种竞争机制,每次考试之后利用一个小时相互进行分析和讨论,然后在出现问题时向对方寻求帮助。很多同学都是我们学习路上的榜样,比如有人数学成绩非常突出,有人学习效率非常高,有人选择题做得特别好,有人作文水平高。这时候,努力学习这些同学的优点、提高自己的成绩就是最高效的方法。

榜样就在身边,竞争可以无处不在,我们要把对方的优点学成自己的,成就更好的自己。

【暖心暖语】

高三的学习不一定是智力的竞赛,但肯定是智慧的比拼。如何机智地运用自己身边的资源,形成最高效的复习模式,是一个学生在高三阶段能否冲出重围的关键。

是时候全力以赴了

让你再经历一次高三,你愿意吗?相信很多人思考了高三的学习量之后,答案大都是:不愿意!所以,我们要珍惜和把握现在,苦吃一次就要有效果,不要想着还能有下一次机会,未来的很多事情是我们无法提前把握的,唯有当下的机会才是最值得重视的。

首先我们要问自己一个问题:达到现在的成绩我已经全力以赴了吗?我们自己思考后就会发现:原本应该认真听课的时间也会"开小差";原本应该认真完成作业的时候也会偶尔看看同学的答案;原本应该用于自习的时间不经意地被消磨……这一切都说明我们没有全力以赴。也许当时的我们会对自己说:"没事,等到关键时候我会努力的。"而高三就是这个关键时期!所以我们要重新摆正学习心态,进入一个全面学习的高三状态。

我们再问自己另一个问题:高三这一年里的全力以赴值得吗?虽然绝大部分同学认为值得,但还是会有些同学认为不值得。

有一段关于两位不同学习状态同学的对话。

A同学:下课还做习题?哼!考个90分又怎样,没前途,你看,我考了60分。

B同学:你了不起啊!

A同学:你考90分,我考60分,你用一学期,我只用一星期,所以我只用了你 5.8% 的时间，就完成了你 66.7% 的工作量，也就是说我的学习效率是你的 1133%。由此证明你的智商偏低，鉴定完毕！

有些不用功的同学总会为自己的不尽力找借口，从以上的计算中似乎能得到努力学习不值得的结论，但很明显，这是一个谬论。满分 100 分的试卷，0 到 60 分可能是能力的线性增长，但 60 到 100 分每提高一分可能就是能力的指数级增长了。

想想看，我们考试的题量是有限的，分数自然也是有限的，而高中三年的知识经过演化是接近无限的。如果你还不全力以赴，是否就意味着你已经做好心理准备上一个并不理想的大学？在这高中三年里，如果我们不全力以赴，那么高考之后我们就不得不需要付出几倍甚至几十倍的努力去赶超那些通过高考为自己争取一个良好学习环境的同学。

有一类鸡汤文会告诉我们要随心所欲、知足常乐、安贫乐道。而那些不愿意全力以赴的人就以此为借口：我们不用那么努力，要学会享受生活。其实这些价值观并不适合任何人，它们从一开始就遏制了前行的主动性，进而纵容了人的惰性，改变了人看待问题的心态，尤其是在奋斗中的高三同学们，不能被这些片面的价值观所迷惑。

我们在高中时期，人生还没有形成"固定态"，还是一个"流动"的状态，而决定我们具体走向是向上还是向下很关键的一步就是高考。我们需要依靠高三最后一年的努力去创造一个更好的未来，为以后能否选择自己想要的生活打下基础。好的学校，会提供更多的教育资源，会让同学们获得一个相对好的起点。

我很喜欢问心无愧这个词。我们的坚持是为了让自己在将来不后悔，因为我们知道如果我们不全力以赴，以后的自己会责备现在的自己为什么不再努力一些。这不是危言耸听，而是过来人总会提到的话题。"如果高考的时候我努力一点也许就能上个'一本'的学校，也不用像现在……""如果高考我重视一下英语，我可能就不会在工作中处处受限了。"

当然努力之后，我们也会面临失败，但至少付出了，我们可以说一句：我尽力了！

我们在高三阶段要做到的就是做最充分的准备，做最坏的打算。

【暖心暖语】

全力以赴永远是必要的，而且永远不晚。

取舍有道，放弃与高三无关的一切

高三的你是否还在热衷于追电视剧、玩游戏、刷微博？如果答案是肯定的，那么你要停一停，对自己说一句：取舍有道，该放弃这些消磨时间的项目了。

以我为例，我是一个地地道道的电视迷，基本上新的电视剧我都知道，尤其是一些热门电视剧我还会按时追剧，因为平时住校，所以看电视剧基本都在周末，每次回家，基本不会学习。当时我的学习成绩还可以，父母对我这样的行为没有采取过多的约束，就当让我放松了。即将进入高三的那个暑假，我的父母和我深谈了一次，沟通了看电视的时间，我同意尽量少看，甚至不看。

我们并不是要求同学们一点娱乐项目都没有，因为大家释放压力的方式不同，就像打游戏时回血的补给剂，有的人是购物，有的人是美食，有的人就是电视。如果你看电视纯粹为了放松，不会影响学习的连续性，那就完全没有问题。但如果和我一样，看电视容易上瘾，属于不看还好、一看就收不住的情况，那就要在高三一年中严格节制。打游戏也是一样，如果你打游戏规定半小时就打半小时，时间一到会立刻停止并回归学习，就可以将打游戏作为放松的方式，如果一打就停不下来，那还是先暂时放弃吧。

有同学也会说："我知道这些会耽误学习，但就是戒不掉啊！"这个问题我也感同身受，但我利用一个暑假戒掉了。刚开始，我做任何事情心里都是痒痒的，想看这周更新的新剧情，或者偷偷关注爸妈是否在家，是否能偷偷看上一会儿，但幸好我还是克制住了，越克制越简单，清楚自己想要的是什么，一段时日之后，就不再惦记了，一心扎在了学习中。

高三这一年就是一个"有得必有失"的时期，为了将来能有一个好的发展、一个好成绩，需要暂时舍弃一些东西。

【暖心暖语】

好的大学可以为我们今后的生活提供更多选择。

放手一搏，做逆袭的主人

没有人说过学习不好就不能有梦想，虽然经过高中前两年我们的成绩有了排名。但是人生没有排名，不到最后一刻谁也不知道结局，更何况还有高三一整年的时间可以用来改变成绩。

我们在逆袭问题上要有一个统一的认知：逆袭是可以实现的！每年都有高考黑马成为新闻报道的对象，每个学校也都会出现平时成绩平平、高考实现逆袭的案例。那么如何逆袭呢？

我们要做好拼搏的心理准备，坚持不懈，保证每天都有进步。我们需要坚定自己学习的信念，只有从本能意愿上想要去完成这一次逆袭之旅，才能坚持完成每天的任务。如果到了高三，学习上的事情还需要家长、老师的监督，那么想要逆袭，甚至想要保持现状都会比较困难。"我要逆袭，我要进步！"这都是成为"逆袭的主人"的第一步。

我们要逆袭，当然要有付出，而且是比其他人多的付出。在别人感觉累了、厌倦了的时候，我们要学会自己调整自己，坚持！所以不要和别人去比较玩的时间长短，而要和他们去比较进步多少、学习时间长短。你有一个逆袭的目标，所以也就有了前进的方向，今天的你要超过昨天的自己！

看过一个关于逆袭的故事：一名学习不太好的同学，经过自己努力考上北大。而他强调的就是三大法宝：紧跟老师；多次回顾；重视考试。第一点即要重视课堂效率，高三阶段老师课堂上讲的每一句话可能都是考点，所以要听、要写、要思考；第二点即自我复习和整理，这是一个消化知识的过程，为做题打基础；第三点就是测试，考前进行有针对性的准备，考后认真总结，保证同类题只错这一次。

这里还有一个考试成绩从 260 分提高到 600 多分的真实案例。让该案例的主人公决定真正投入学习的是父亲的一席话："不用学习了，我给你联系好了一家工厂，三个月小工实习，过几年可以成为大工，工资 5000 元。"他也是一个有过"大学梦"的学生，却发现自己的成绩只能让本应该绽放在大学校园里的青春被安置到一个小工厂里，甚至是一辈子都窝在一个小工厂里，于是他突然"觉醒"了。这份不甘心让他开始重新审视自己的学习。首先他认真分析自己成绩不理想的原因，找到问题所在；然后寻求解决方法，从基础知识到拔高题型，一步一个脚印，从一开始一晚上只能做几道题到后来一晚上可以完成整套试卷；最后他如愿进入了心仪的大学。

逆袭并不是很困难的事情，虽然也并不容易，但所有实现逆袭的同学都有一个共同点：意志非常坚定。如果没有坚定的意志，我们很难坚持每天都能高质量、高效率地完成学习任务。我们需要和自己做个约定：用一年的时间来证明自己。

逆袭不是一蹴而就的，高考的逆袭是从平时的点滴开始积累的。从高三开始，你可以每天都在逆袭的道路上。逆袭会令人上瘾，不妨一试！

一个很少被老师特别关注、从来成绩平平的同学，有一天老师在课堂上表扬他，表扬他成绩的进步，这种被人关注到的努力会让人更加干劲十足，尤其是一个正在拼命学习的高三学生。当尝到甜头之后他有了更多坚持下去的动力，自然就会将这种良好的状态保持住。可见逆袭也是有惯性的，通过小进步可以积累自信心，从而有力量面对更大的挑战。

【暖心暖语】

"黑马，是任何力量都不可阻挡的！"要有这样的决心和信心，不怕失败！

高三一年：养成了跑步的好习惯

虽然高三时间紧张，但我还是养成了一个新的习惯：每天跑5圈步。我过去并不喜欢跑步，因为感觉跑步是一种单调的运动，没有什么意思，每学期考800米跑时我总是各种别扭，非常排斥。而高三一年的长跑经历让我深深爱上了跑步。即使进入大学、参加工作，我也想尽各种办法创造跑步的条件，每天一定要挤出1小时来跑跑。

为了让我们劳逸结合，学校规定每天最后一节课高三学生要上操场活动，很多男生选择篮球，而女生可以选择的就是跑步，因为这不需要什么器材，也不需要什么技能，只需要迈开腿，动起来。

我是在同学们的劝说下半推半就加入这个跑步队伍的，第一天我跟在她们身后各种抱怨；第二天我还是不情不愿；第三天、第四天……到了第八天的时候我已经能跟上她们的节奏，并很主动地到时间就离开座位走向操场了。从长跑中我尝到了甜头：晚上睡得特别香，早上能按时起床，精神状态非常好。

坚持跑步之后，我发现跑步不仅能帮助我们强身健体，还能促进血液循环，提高大脑活力，保证学习的高效性。跑步的过程也是对意志力的磨炼，每次跑到前一圈半的时候我总有种想要慢下来或者放弃的想法，但只要跑过了那道"坎"，我的双腿似乎就变得轻松了，可以继续坚持了。时间久了，这个"坎"变成了两圈半、三圈半，到了后期，我在操场上跑10圈都没有太大的问题。

有些学校没有安排高三学生的锻炼时间，那么我们怎么挤出时间来跑步呢？这个问题其实非常简单，可以选择早起半个小时去跑，也可以放学后晚回家半个小时去跑，关键是要能坚持。

其实，整个高三的学习生活也像一次长跑，终点就在前方，需要毅力、勇气和一点点的技巧。而且在这一次长跑中，跑过的路已经不能回头，我们只有继续前行。如果在前进中累了，我们可以放慢速度，稍做调整再加速，但不能停止，因为一停止想要重新起步会更加艰难。高三是一次长跑，我们有着相同的方向和终点，冲在前面的关键就是顽强的意志。

高三一年的长跑经历使我改变了很多，一方面我从原来身材浮肿、经常生病的体质变得身材匀称、抵抗力强；另一方面我在不断运动中释放了压力，所以性格也变得开朗了很多，有时候出一身汗真的就像把负面情绪都宣泄出来一样，每次跑完步洗个热水澡就会感觉浑身轻松，也能更快地投入到新的学习中。

当然不是每一个同学都要去跑步,你可以选择踢球、跳绳、打球、跳操……只要是能让你产生兴趣,坚持下来,同时还能帮你疏解压力的项目都是很好的选择。

我的建议是选择一项体育运动,因为这还兼顾了锻炼身体,一举多得,能保证在高强度学习的过程中有健康的身体,能打持久战。不了解体育运动的人可能会说:"这样很耗费体力,学习的时候会没有精神。"但事实刚好相反,适度的锻炼能促进学习效率,一般以 40 分钟左右为最佳。适宜的体育锻炼能帮助我们消除学习一天之后产生的脑力疲劳,增强各个器官的功能。

我们在运动过程中要做到几大原则:量体裁衣、循序渐进、持之以恒和全身运动。

高三,不仅仅是一次学习上的磨炼,也是一次人生路上的成长经历。这段奋斗磨炼的过程是难能可贵的。在高考离我们远去之后,你可能会忘掉自己考了多少分,但是那些养成的好习惯,是会让我们受益一辈子的。

【暖心暖语】

培养一种体育爱好吧。

把平常事做得不同凡响

我在前面多次提到过"坚持",因为我知道这种品质在高三格外重要。

我能很自豪地讲几件自己坚持过的事情：

◎ 每天吃一个苹果；

◎ 每天跑步；

◎ 制订计划；

◎ 每天背半小时单词；

◎ 每天写一句话激励自己；

◎ 写作。

别人不太喜欢做的事情，能一直坚持的人可能也不太喜欢，但他们都坚持了下来，有的事甚至从最初的不喜欢变成了喜欢，收获了意想不到的美好。从初中开始，我每天都会坚持吃一个苹果，到现在已经成了自己的生活习惯；在高中，我养成了每天跑步、制订计划和背单词的习惯，至今仍令我受益匪浅；大学期间，时间相对自由，我开始培养自己的兴趣爱好，比如练字、写作等，字写得越来越漂亮，文笔也在不断变好。

我还在不断地积累自己可以坚持的小习惯或者小动作，让自己变得更优秀，比如早睡早起、平板支撑、阅读……通俗地讲，坚持就是将一件再平常不过的事情做得不同凡响。举个简单的例子，给自己定个小任务：每天睡前用 15 分钟读一段简单的英文，完成起来看似非常容易，但要坚持一年、甚至一直坚持下去就不那么容易了。如果我们能够坚持下来，相信英语语感会有很大的提高。高三时我坚持英语早读，到了高考时我的阅读理解的解答用时缩短了 15 分钟，准确率也提高不少。

　　学习是一个坚持的过程。每天上课时，坚持的人每次上课都能认真听讲，达到听课的最佳效果；不坚持的人虽然开始几节课很老实，慢慢地就开始注意力涣散，不再全身心投入。复习时我们有高考大纲做指导，高中三年的知识都需要梳理，持之以恒的人会一丝不苟地梳理到最后一个知识点；不坚持的人只在开头认真一阵子到最后一笔带过，成绩可想而知。坚持的人实现了自己最初的梦想；而不坚持的人只能被迫降低自己的标准。

　　坚持蕴含着强大的力量。再简单、再琐碎的小事，只要坚持下来，都会是一件很棒的事情。我看网络综艺节目《奇葩说》，其中一位辩手艾力写过的一本书《你一年的8760小时》，里面讲到了坚持的力量。俞敏洪在推荐中这样说："一个人即使没有任何背景，靠着日复一日的坚持和努力，学会聚焦，在一个领域做到极致，也能闯出属于自己的一片天地。"艾力坚持每天早上7点钟起床并发微博鼓励更多人早起、读书和健身，从而影响了一大批网友。有人说："不就是起来发个微博的事情吗？我也能做到。"但你能坚持一年、两年……一直坚持下去吗？

　　高三的学习生活是对我们意志力的检验，同时也是一次培养意志力的过程。我们需要每天重复地做题、看课本、考试，而这些往往只是老师要求的作业；我们还需要复习知识、梳理知识、总结归纳。这些才是我们自己的任务。前者大多数同学都会坚持完成，而真正坚持也能完成后者的少数人会成为最后的胜利者。

【暖心暖语】

唯有坚持，才是永恒。

认清学习的意义，享受学习

有些人因为纠结于分数而倍感压力，学习成了一种负担。进入高三之后，如果我们学习的重心总是放在"如果高考考不好怎么办"的问题上，自然无法全身心投入。高三阶段大大小小的考试很多，我们的心态会随着成绩的变化发生一些波动，容易变得胡思乱想，情绪上敏感，可能一件小事都会让我们的学习效率下降。这是因为我们没有真正认清学习的目的，只关注于眼前。

图3-1是高考前夕某学校校长的寄语，其中提到"不管故事怎样，结局如何，一切都是美好的。"我们要把眼光放远些。现在的社会，高考并不是唯一出路，但既然我们选择了这条路就期望在这条路上的每位同学都不留下遗憾，所以我们每天都在努力，在坚持。

我们如何才能做到享受学习？

认清第一点：学习是为了我们自己！虽然从开始上学我们就被老师和家长教育："你一定要好好学习！"但是我们才是学习的真正受益者。为了自己去学习，理所当然。为了自己的未来，也要奋力一搏。

认清第二点：我们只要专心投入，学习总会有进步，而进步又带来快乐。要保持一个好的心态迎接高三的每一天，才能更好地坚持下去。

认清第三点：一时的成绩不能说明什么，真正的成绩源于平时的积累，越到高考临近，越要看轻成绩，成绩并不代表一切。

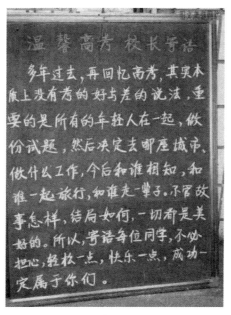

图 3-1

我们不应该将高三生活当成苦难，因为在这个形形色色的世界中，我们的辛苦本不值得抱怨。生活的本色是通过平时我们已习以为常的努力与坚持，收获期待的美好与浪漫，我们要做的就是找到正确的方向，从平淡的"劳作"中体验持之以恒的乐趣。

一位北大在校生曾在一段文字中提到："高中生活将会成为你记忆

中极为灿烂和温馨的一页,我们要从开满道旁的野花和洒满台阶的阳光中体会自然之美,从师长和同学细心的关爱中体会人间之情,从课本上行云流水般的文字和简洁规整的公式中体会智慧之玄妙,请好好珍惜并享受它。"

【暖心暖语】

享受高中的生活,享受学习,享受这段坚忍并快乐着的时光。

第四章

正视自己的错误

如何做到正视自己？处于高中阶段时，我们更多时候还是在接受他人的意见和想法，很少独立思考，自己审视自己，这就造成了我们很难发现自己真正需要的是什么。本章针对我们在高考冲刺期间学习里"隐藏很深"的问题，帮助同学们总结将错误揪出的方法，并探讨怎么处理改正。

认识学科短板，快速提分

很多同学都存在偏科的现象，如果在高一、高二的时候不是特别重视，那么进入高三就一定要好好正视自己的短板了。因为如果有一科或者几科分数与其他科相差太大的话，总分是很难提高的。

如果能够补齐学科短板，我们整体的成绩会有一个飞跃，这比选择一门成绩不错的学科去提高要快速得多。一个平时成绩中上的同学，其他成绩都在班级前十，只有英语的分数总是排在倒数。于是到了高三，这位同学下决心要正视英语问题，他去找老师求助，请同学监督，每天早上背单词，晚上还要专门留出时间做阅读理解，并把每天做题过程中遇到的疑问记录下来，第二天问老师。坚持了三个月左右，他的英语成绩就在中游了，最后高考时他的英语成绩是班级第五。解决了英语短板问题的他，顺利考上了理想的大学。

我们需要认清自己的学科问题，找到最适合自己的学习方法，坚持完成，补齐学科短板就是一次实现逆袭的机会！

如何找准自己的学科短板？最明显的方法就是根据前两年的考试成绩来评估自己的学科水平，比如其他学科平均在 80 分左右，而某一门学科平均在 70 分左右，那就说明这门学科就是短板。下一步要做的就是找到造成低分的原因，不同的同学会有不同的因素，比如不喜欢这门学科，平时花的时间少，不喜欢相关的老师……

学科短板的出现说明我们在学习某一学科的过程中存在一些特殊情况。在高三那一年我的学科短板是化学，因为化学很多知识点都是需要背诵记忆的，而我本身不喜欢这种大量背诵知识点的事情，所以在考试时出现了多次记忆错乱的现象，做题正确率不太高。和化学相反，我很喜欢数学、物理，因为这两科是通过逻辑分析来解题的，虽然也有记忆的部分，但是我在运用过程中就能直接将其牢记于心。这就是我出现化学这一学科短板的原因。

这种前期分析自己学习状态的过程非常关键，只有真正找到了原因，才能对症下药，将短板补上。且在有意识地去补齐短板时一定要重视学习上的循序渐进，不能想着用一周的时间就能补齐，这是不现实的。一些同学看到自己在某个学科上较弱，就会以突击的形式花大量的时间做一些高难度的题目对自己进行强化练习,这样的效果其实并不好,会增加对该学科的抵触情绪。

对于短板学科的复习,要作好时间上的规划;要遵守好一个前提,即保证其他学科的复习计划和考试成绩不受影响。高三时我每天晚自习多安排一个小时来背诵化学概念和公式,一个月下来效果非常显著。因为高三复习时知识体系相对完整,在背诵过程中可以通过一些记忆方法将很多知识点用逻辑关系联系起来,对我来说这是非常好的记忆方式,所以这每天的一个小时可以让我用来梳理知识,同时搞清楚过去混淆的内容。

补齐短板的初期,我们应该从基础知识开始,不要做一些难题、怪题和偏题。第一步,我们可以把课本上的知识进行一次系统性的梳理,然后通过练习强化这些基础知识。第二步,我们要将过去错误的试题拿出来重新做一遍,发现不懂的立即回看课本,找到考点和解题方法,并总结思路。第三步,我们需要反复研究这些题目,最好是定期复习一次,保证每一次都有新收获。

短板的出现很多时候还因为学习方法的不正确,不同学科肯定有其不同的学习方法。每个同学在学习时要结合学科来确定自己适合的学习方法,比如数学、物理的学习方法不适用化学,理科类学科的学习方法不适用文科类。有很多文科生的数学成绩都不是很好,其中一个很重要的原因就是大家用学习文科的方法学习了数学。所以当自己的学习方法行不通时,我们一定要主动向老师和有经验的同学求助,总结出一套适合自己的学习方法,并在学习运用中不断调整。

最后，关于考试技巧的运用：在应对自己薄弱学科的考试时，我们总会有一些不自信和紧张，因此总会遇到考试时间不够、解题步骤不明确、计算错误等不应该出现的问题，这些源自应试心态。所以当面对考试时，我们要摆正心态，不要想着考试分数，这只是一次对前阶段复习成果的检测。前面我们做了这么多努力，正是需要这样一次测试来检验复习的效果，只要尽力完成就行。

如果我们坚持做好以上的工作，那么学科短板的问题就会慢慢解决。当这门学科的成绩也和其他学科保持在同一水平线，整体成绩自然就会有一个提高，各门学科就可以"齐头并进"了。

【暖心暖语】

战胜学科短板，会成为逆袭路上的加速器。

找准"敌人"，逐个击破

如果我问 10 个高三同学同一个问题：你觉得你高考最大的"敌人"是谁？也许 10 个人会有 10 个答案。焦躁、粗心、时间、压力、懒惰、学习方法不佳……以上都会成为同学们口中的那个"敌人"。但我们自己想想，这些因素其实都源于我们自己，所以真正的敌人就是我们自己本身。因此只要我们自己做好调整，这些"敌人"都能被击败。

决定最终成败的关键不是外界的阻碍和自身条件，而是我们面对问题时的态度。面对高考时，我们有的同学基本功不扎实，有的同学存在学科短板，有的同学应试毛病多多……但当我们确定了自己要前进的信念，勇往直前，总会有办法克服困难，考出好成绩。

在坎坷逆境中，人的顽强意志能够创造出很多奇迹。比如某同学进入高三的时候压力很大，开始他没有意识到，每天得过且过，渐渐地他不能集中注意力听课，不能很好地完成作业，晚上失眠，考试成绩越来越不理想，这让他更烦恼焦躁。后来他发现最令他难受的是老师或者家长在面前提"现在不努力，以后会后悔"之类的话题，有几次在家里他直接躲进自己的小屋，很久不敢露面。后来他意识到这是自己的压力太大了，这些压力中有一部分可能是来自父母、老师，但更多来自自己。他希望不辜负家人的期望，希望能考出一个令人满意的成绩，但他又害怕自己做不到。

既然找到了这个问题，他就不再逃避，努力开始调整自己。首先他分析了自己的成绩，从知识掌握程度上来看，他基本完成了前两年的任务，只是一些重点内容还不是很熟悉，高三的复习能很好地帮助他；从过去两年的考试成绩看他基本能考上"一本"，甚至可以冲击重点大学分数线；从父母和老师的期望中他可以感觉到，他们希望他能保持现在的水准……他没有必要给自己施加过大的压力，只要完成自己当下的学习任务就行。

认清楚这个事实后，他一下子变得轻松了。他分析了自己在学科中有疑问的知识点，结合老师的课堂复习为自己制订了一份课下复习计划，任务不重，重在理解。平时复习的模式也从刷题转变成总结。

他发现学习一下变得轻松了,这样既能认真听课,高效做题,考试成绩也在不断提高中。当然父母和老师还是会提及"高考很重要"的话题,但他的心态已平和,从排斥转变为接受和理解。有时候,他也会和父母谈谈自己的想法,家庭氛围也变得和谐多了。

由于高三近一年在心态和学习状态上的调整,他对自己有了非常清晰的认识,而且他总结了一套调整自己心态的方法。在临近高考时他很清楚怎样给自己降压,所以高考三天,他并没有因为过度紧张或者兴奋而影响考试,而是以饱满的精神状态迎接了高考,最后他考入中国人民大学。

这是一个通过自我调整实现提升的典型案例。我们都很清楚,高考需要我们自己解决和改变很多问题。那些所谓的"敌人"也要靠我们自己去打败。我们要相信:高三时期很多问题都是可以自己解决的,要敢于剖析自己、改变自己。

【暖心暖语】

管好自己,为自己负责!

"田忌赛马",巧胜高考

"田忌赛马"的故事我们都听说过,但真正在生活中运用"田忌赛马"原理的人却不多。这个故事给我们的启示是:善于在劣势中找到优势,学会舍小取大。这在高三复习和高考解题中非常值得运用。

高考题中的重头戏还是基础知识，试想如果我们能保证拿到基础分和中档分，那么基本就可以获得"一本"线的成绩，然后在拔高题上再拿到一些分数，整个分数就会比较理想。

根据以上的分析，高考复习时我们显然应更重视基础知识。一般来讲如果同学的基础知识扎实，那么中档题型也不会有太大问题，因为这些中档题就是根据基础知识进行题设变换，需要在读题时有一两个"思考转弯"设置。所以越到高考复习后期，越要以基础题为主。

我们需要学会分析知识点分布，在高考占分数多的知识点上要做得更好。我们发现高考命题对知识点并不是平均分摊的，重点知识会出现在不同的题型中，而有些知识点可能只考一两道小题。通过统计分析，这里有一个"二八定律"，即高考80%以上的分数集中在不到20%的知识点中。

巧妙运用这"二八定律"，对高考有很大帮助。我们只要找出这些占高考分数多的知识，然后把复习精力主要集中在这些知识点上并熟练掌握。那么当与这些知识点相关的题型出现时，我们就能做到迅速解题，并做到正确解答，那么在高考这个竞争平台上就会有明显的优势。

我们需要认清自己的具体情况，找出增分空间大的知识点进行复习，做题的时候一定要带着问题去解，不能盲目刷题，而是要边做题边复习。遇到自己已经滚瓜烂熟、解题也基本不会出错的知识点就可以把复习时间缩短，把时间留给有分数可拿的其他知识点，让自己的每一份付出都能有回报,达到收获最大化。

我们经常会听到老师说:"你们要查漏补缺。"但是有的同学每天跟着老师复习,却不懂得思考自己的掌握情况。有些知识我们早就熟悉,而有些知识我们可能已经遗忘,那么更应该把时间花在哪里?答案显而易见!每天上完课,一定要思考自己薄弱的知识点是什么,然后把复习的时间用在对这些知识点的切实掌握上。

解题时取舍应有道。高考的知识点分布具有规律性,而高考的题型更有规律性。高三复习时我们肯定需要刷前几年的高考题,尤其是同一省份的,更是分析研究的重点,那么主要分析什么呢?除了题型的难度,更重要的就是了解题型。比如,数学选择题、填空题的分布,大题的前两题一般都是非常基础的题型,后面才会出现综合题,以小标题分成几步解答;语文分成基础知识题型和阅读理解题型等;英语是否会有完形填空,会有几套阅读理解……以数学考试为例,我们知道基本题型是选择题、填空题和解答题,而每一类题型设置的规律是最后两题难度会提高,前面两题是送分题,中间难度适中(并不是绝对的)。在考试中如何做到取舍有道呢?首先,我们要保证拿到送分题的分数,对那些难度较大的题,如果5分钟内没有思路,可以先放一放。尤其是解答题部分,很多同学在解题时匆匆忙忙完成前面的题,想着"等做完之后再来检查"。但是花在最后两道解答题上的时间非常多,根本没有时间回来检查前面的题目,但如果花了很多时间最后难题还是没有解答出来,这就得不偿失了。

【暖心暖语】

在高三复习和高考考试时运用"田忌赛马"的方法,让我们每一次努力都能有所收获。

庆幸每一次出错,解决它就是进步

出错说明某个知识点我们还没有完整掌握。当一张试卷被批改完之后发还到我们手上,我们看着对钩会感到很满足,看到红叉会有些沮丧,其实我们不需在意这些。我们做对题了,说明前期这部分知识的学习效果很好,证明我们掌握了;做错了,也不是什么坏事,因为通过这次考试我们知道了自己还有不足之处。重要的是我们敢于面对错误,修正错误。

高三阶段也是一样的道理:你可以犯错,但必须成长!如何成长?就是弄清这些错误,保证下一次做对!

错误的出现就像我们面对着需要去攻破的城池,一道题错了,就像是面前有一道城墙阻碍着我们前进,然后我们通过各种方法把题弄通了、理解了,这道城墙就倒了。进入城内,我们发现原来这道题的背后还有很多的知识点需要熟悉,城内还有其他城墙会继续阻挡我们前进的步伐,我们只有真正做到从知识点到相关题型的系统掌握,才能达到攻下整个知识点的目的。

一般情况下,当我们看到自己的错题时,会有以下几种处理方式。

A：看了眼分数，收起试卷。

B：问问身边的同学，看看他做对了没，然后直接把正确答案抄上去，收起试卷。

C：自己想了想，改了能直接修改的，剩下不会的直接抄正确答案，收起试卷。

D：重新做题修改，不会的请教他人，懂了之后继续修改，收起试卷。

以上四种情况表明，不同的学生对错题的态度也各不相同，重视程度也不一样。对不重视错题的同学来说，相当于浪费了一次考试机会，那么错题永远是错题，不懂的永远不懂；而重视错题的同学则会将这一次的红叉转变成下一次的对钩，这就是学习成绩差距形成的原因。

很多同学说："我能做到 D 的程度，我已经掌握这道题了，我重视错题。"但其实 D 也没有将错题的价值真正发挥到最大。错题的出现一方面说明你对这道题的理解以及解答是有问题的，另一方面也说明你对相关知识点的认知是有问题的。如果你改完了这道题，自认为已经掌握了这个题型，那么如果换个题目，相同的知识点让你再解答一遍，你能保证正确吗？

"很多题目我看着会，但一到考试的时候又拿不到满分。"这样的反馈就说明还是没有完全掌握。那么怎样才能测试是否真正会解答这道题了呢？错题集！将题目记录下来，重新独立解答一遍就会发现自己是否真正掌握了这道题。而如何来验证真正掌握了相关知识点呢？找类似的题型进行检测。

如何正确对待一道错题？一定要学会分析和积累！分析的是知识框架和考点，积累的是错题类型。

我要告诫大家一句：不要小瞧任何一个错误，更不要错过一个错误！即使是一个标点或者一个小数点的问题，都要引起重视。要知道解决一个错误，就是一次大的进步，在高考中可能是1分、2分，也可能是10分、20分。

【暖心暖语】

每一次的出错都是在提醒我们，进步的机会就在眼前，关键看你能不能抓住！

找好你的"错题集"

错题集已经成了学霸们"统一"的笔记本，几乎每一位高考学霸都对错题集津津乐道。

什么是错题集？我比较喜欢的一个答案是：错题研究成果记录本。对我来说，错题集重在"研究"。在做错题集的过程中不是单纯地抄题，更重要的是对解题思路和方法的研究和思考。

（1）为什么要做错题集？

答案是提高学习效率！从高一开始，我们都是通过做题来检验自己掌握知识的程度，但有时做题就像是在完成任务，做过就算了，不会去想想为什么要做题。而错题集让我们意识到做题真正的目的是从中积累大量的解题经验和技巧。除了极少数天赋特别高的同学，大多数同学还是无法将自己曾经做错的题记住，尤其是经历两年高中生活来到高三后，而错题集就能帮助我们记忆这些错题。我们可以犯错，但是犯过的错不能再重复犯。错题集就是来帮助我们达到这个目的的。其实通过对错题的分析，我们会逐渐了解出题者的"套路"，在不断的训练中，我们有意识地从出题者的角度去解题，自然就缩短了自身思维方式与出题者要求之间的差距，那么解题的准确率就会提高。

我们在高三这一年的复习过程中一定要有错题集，在进入全面复习状态时，最重要的事情就是查补知识点方面的漏洞。错题集正是漏洞的聚集地。通过对这些错题的整理和研究，我们就能找到自己出错的原因，改正起来就会比较快。

（2）是不是所有的学科都适合做错题集？

"既然错题集这么重要，那么我就每门课准备一本。"

这种想法并不现实。我们要珍惜有限的时间，不要将错题集形式化。不同学科可以有不同样式的错题集，关键是能记录便捷，使用方便。

先说共有的学科，即数学、英语、语文。语文错题集要记录的是那些基础知识，包括了语音、字词、病句、表达等，可以用专门的笔记本将这部分内容记录下来，尤其是容易混淆的部分，而阅读理解题的随机性很强，可以记录一些涉及表达方式等知识的内容，但不需要对阅读段落做什么笔记。英语需要记录的是关于语法的内容，甚至不需要抄题，因为很多错题是因为我们不知道某个语法，所以直接将语法记录下来即可。以上两门课不建议制作错题集，可以直接将这些错题中总结出来的结论记录在日常笔记上就行。数学就一定要准备一本错题集了，这是因为课本上的知识点只是理论依据，而真正的精髓在于运用，因此题目就是数学表现其精髓的方式。数学解题需要有数学思维模式，因此错题能帮助我们深刻记忆正确的解题方法，对数学错题的研究能帮助我们应对千变万化的数学题型。

文科科目中，历史和政治主要是依靠背诵来解题的，逻辑推理的题型不多，所以可以将错题中得到的结论直接写在教材上，这样更便于平时复习时看，不需要有错题集。地理是这三门课程中最具理科性质的学科，可谓集文理之大成，而对应的逻辑题不是知道答案就可以的，还需要一定的反思，看看背后的知识体系以及出题思路是什么，所以地理可以用一本错题本来记录。

理科科目中，物理和数学非常相似，也是需要重点做错题集的学科。根据经验，化学和生物的错题集可以根据自己的时间来定，比如可以分别准备一个专门的笔记本来记录重要的错题，或者直接记在平时的笔记本上，不需要明确分开。

总体来说，我个人认为数学和物理是最需要做错题集的学科，化学、生物、地理次之。当然，针对一些有学科短板的同学也可以结合自己的需要来做，比如有同学英语语法很差，那么也可以重点做一个与语法相关的错题集，每天复习。

为了节省时间，建议可以直接在课本或者笔记本上记录某些具体的错题。

(3) 如何做错题集？

不同的同学有不同做错题集的方法，而且形式多样。有的同学喜欢手写，把题目和解题思路用不同颜色的笔区分开来；有的同学不喜欢手写，也可以把错题从试卷上剪下来，重新解题，并标注解题中需要注意的地方。无论你做了一本怎样的错题集，以下几个内容应该要有的。

错题形式：问题出在哪里，要描写问题，可以抄错题，也可以写错误的思路，只要日后看到此处能马上知道出错的问题在哪里即可。

原因分析：要分析出错的原因，是公式记错还是解题思路不对，是题设理解有误还是书写方式有问题。总之，对错题集上的每一道题都要有一个明确的出错说明。

知识拓展：要将题中涉及的知识点进行系统标注，不用全部写上，只标注上关键词即可，这也便于日后复习时回顾。

正确解答：对应的正确解答是必要的，写清楚解题思路和方法，如果有多种方法的一定都要记录，重点内容需要着重标注。

【暖心暖语】

除了错题集，这里还有一个小经验：准备一个活页的随身小笔记本，可以将一些自己容易忘记或者总是出错的内容记在上面，平时吃饭、睡前、排队时有空就拿出来看看，可以帮助我们改掉不少解题中的毛病，减少错误。

做好错题改正的下一步

有的同学做错题集，却不知道怎么用。不要有"错题集在手，万事皆有"的想法，任何无法进入自己大脑中的知识，都不属于自己，错题集上的题也是一样，如果没有后续的复习和规整，它们也只是列在本子上的文字和公式。

举例说明同学们对于错题集的错误用法。

（1）不看错题集。

完全没有理解错题集的意义。错题集的功能是让复习变得更有效，是在复习时能帮助我们快速找到问题的册子。如果只是为了完成老师的任务做错题集，而忘了复习本身就是应该去做那些原来不会做的题，去记那些原来不熟悉的知识点。如此一来，还不如不做错题集。

做错题集有一个重要的步骤：反思。错题集需要我们总结归纳、定期整理甚至重写，对错题进行归类。

（2）错题集内容只加不减。

我们需要每天都翻看错题集，让很多知识点变得更熟悉，做错题集有一个明确的原则：只留意那些没搞懂、没厘清的内容。这样就能保证每一次查看错题集时都能查漏补缺，强化效果。

到了高三，我们要做到错题集不离手。我们每天都在做题，或多或少都会有一些错题出现；每天都要复习，翻开错题集进行复习要成为日常习惯。每一次完成一章节内容的复习，就要总结错题集上的题型，然后归纳解题方法之间的关系，这对记忆非常有帮助。

有的同学会质疑：花过多精力到错题集上了，这样是不是很耗时间？其实，只要你真正用对了错题集，那么花的时间都是值得的！因为错题集里呈现的问题就是高三复习过程中要攻克的问题，错题集帮助我们把一个学科的各类知识点进行了精简，把那些会的剔除，只留下仍存有漏洞的，这就大大加快了复习的进度。所以，错题集其实为我们节省了时间，能够更有针对性地学习。

我们班有一个数学"大牛"，基本每次数学考试都是在 140 分上下。他就是利用错题集来学数学的，从学习新知识之初，他的错题积累就已经开始了。在进入高三之前，过去两年的错题集有四本，但是他利用暑假的时间对错题集又进行总结归纳，缩减到了一本。我曾翻看过他的错题集，我发现里面记录的除了错题，还有很多他自己的解题思路，一道错题可以举一反三，找到其他题型的解题方法。到了高考前临近冲刺的一个月，他的错题集变得更"薄"了，他举着那本错题集说："这段时间数学复习我就看这个了！"这时候他的错题集上除了仅剩的几道题，都是解题过程中的小建议：

◎ 小数点比天大！

◎ 记住看符号！

◎ 写答案不要漏下字母！

◎ 正负号直接影响答案！
……

【暖心暖语】

错题集就是为我们自己量身而定的复习手册，针对性强，利用率高，提高成绩明显。

避免重复错误，"事不过三"

在做题时，我们出现错误的类型基本包括以下三种：

◎ 解题出错，表达方式有误；

◎ 基础薄弱，知识体系有漏洞；

◎ 掉入出题者设置的"陷阱"。

我们通过错题分析，总结思路，重新进行系统的练习，以上三类错误基本都能改正过来。

第一类错误的主要原因是我们在技能上的不足，比如计算能力差、解题没有逻辑性。针对某一题型，一定要重视自己的解题思路，并重视自己答题的综合能力。

第二类错误的主要原因是我们的基础知识不扎实。此时应把相关的知识找出来，重新进行学习和记忆，尤其是要重视知识网络，厘清高考相关考核点。

第三类错误的主要原因是我们对题型不熟悉。虽然出题者会给考生设置很多的"陷阱",但经过了高中三年的学习,很多解题"陷阱"我们都是经历过的。所以就要把相关的题型进行分析总结,对这种"陷阱"有一个全面的认识,保证自己下一次见到同类"陷阱"能马上警惕起来。

高三复习时,我们要重视改错,明确改错要求:"有错必改,事不过三"。如果同样的题型,或者同一个知识点第三次出错,那说明我们在学习态度上存在问题,需要静下心来思考学习的状态。

为了避免重复出错,我们要做到第一时间改错,不拖延,正视错误,不为自己的错误寻找各种借口。

错了就是错了,我们要想为什么会出错以及下次如何做到不出错。我们要做到趁热打铁,当场解决问题,并保证接下来不犯同样的错误。

检测也是避免重复出错的方法。当我们认真分析错题,研究出错原因,找到症结所在,纠正解题方法之后,我们就要用事实来证明自己确实不会再错,可以找同一类型的题来自我测试。如果能很完美地解答,相信下一次我们再遇到类似的题型,就不会出现同样的错误。

【暖心暖语】

犯错要改,这是亘古不变的真理!

习惯性错误

任何事情都会有惯性,我们的大脑也是一样。在解题过程中,如果我们总是以一种思维方式训练，那么当遇到相似的题型，或者熟悉的字眼时，我们会以过去的思路惯性地去解题，而忽视了题目本身的设定以及暗藏的陷阱，这就会造成解题错误。高考中我们需要避免这种惯性思维，否则在复查题目的过程中很难发现自己的问题。

惯性思维的形成是需要一个过程，这种思维在开始存在于我们的思想深处时，我们很难意识到它。只有通过不断的明示和暗示，才会逐渐显现出来。但同时这种思维也是脆弱的，因为可能只要稍微留心一点，真相就能直接击破在这种思维基础上形成的假象。

我们在解题时会出现这样的错误，原因在于前期的学习不够扎实，对题型的认识不够透彻。当题目似曾相识但又不能确定时，有些同学没有多加思考就用熟悉的方法去解答，这是因为同学们还不熟悉相关考点，没能及时发现题设中的差异。

在考试过程中我最担心遇到这样的题型：好像曾经做过同种类型的题，对解答也有一些印象，但就是想不起来全部的题设和解题方法，针对眼前的题也没有思路，怎么办？无计可施之下，只能根据仅有的记忆去套数据，虽然卷面上写得满满的，但自己完全不知道这道题答得对不对。

当看到眼熟的题目时，我们一定要冷静，不要激动得立马就写答案，尤其是选择题和填空题，有的同学直接把原来的选项写上去了，填空时直接把记得的答案填上，以为绝对正确，但其实题设中有一些小小的变化，而同学们却并未发现这不是原题。

我曾经犯过一次最具代表性的习惯性错误。那是一道英语语法选择题，正确答案的选项是 C，我对这道题的题设印象很深，因此当我在考试时再次遇到与这道题设完全一样的题目时，甚是兴奋，于是迅速写下了答案 C，心里还美滋滋地说："这一题我要是再错了，就真不用考了。"考试后试卷发下来我却瞬间无语，正确答案是 B，出题老师将选项重新排列了顺序，我这道本应拿分的题却因惯性思维而丢失了，真是让人后悔。

为了不后悔，我们要对这些曾经遇到过的题目有警惕性，不让自己形成习惯性思维，而是要形成一种"警觉性思维"。当遇到看起来似曾相识、很熟悉又很简单的题型时，我们要首先想到两个字：小心！

所以，我在做题时养成了一个小习惯：当读题时遇到需要注意的词句时，我会直接在题上用波浪线画出来。一般遇到这种看起来很简单的题，我反而会更加小心，清晰标注题干中的关键词，这样就直接规避了习惯性错误的产生。

还有一种错误是平时不良习惯造成的，比如有的同学总忘记在答案后写单位、画图不用铅笔、某个单词总记错等。这些看似微不足道的小错误会让自己在考试中丢掉一些不应该丢的分数。这种情况对每分必争的高考非常不利。

第一次遇到这种小错误时，如果我们能重视起来，问题就能在短期内解决；如果不加以重视，等到高考前想要改正过来就比较难了。正是因为一开始的忽视，导致这种错误形成了习惯，所以在要改正的时候需要投入更多的精力。以写单位为例，最初我们可能只是在解答问题时少写了一个单位，有时候试卷上不会扣分，即使扣了 1 分，我们也没有给予重视，慢慢地就养成了单位可有可无的解题习惯；这时候有一道综合题，我们解答完第一题之后需要单位换算才能准确解答第二题，有的同学因为习惯使然，没有进行单位变换就直接解答，结果后面的解答就都错了，丢分丢得太可惜。

【暖心暖语】

习惯性错误非常可怕，它会给你造成假象，只有仔细是它的克星。

第五章

时间的主人

高三的时间非常宝贵，它能决定我们高考的命运。如果同学们能充分利用剩余的时间冲刺，那么未来就不会留有遗憾。高三也将是一段值得回味的时光。我们要做时间的主人，用时间书写青春奋斗故事，用时间成就高考黑马的逆袭神话。

时间管理，认清自己的时间配备

为什么高三一定要做时间管理？

这是由我们的学习模式决定的，现在大部分同学每天的学习时间都是确定的，除去学校安排的课程，剩下的时间要让其发挥最佳效果，就要有时间管理，帮助同学们提高学习效率。当把什么时间应该做什么事情当成一种条件反射式的习惯时，学习也会变得轻松起来。

要做好时间管理，此处有一个前提：不能占用课上时间。高三老师课上的时间是非常宝贵的，他们说过的、写过的都有可能出现在考场上。高三最忌讳的就是不在正确的时间做正确的事情，比如在数学课做英语，在政治课背地理。这些都是非常愚蠢的行为，因为这类行为不仅会让你错过很多重点内容，还让你不能集中精力。所以该上什么课就准备什么，然后集中注意力听课，这比下课后自己复习一两个小时更有效果。

我们应该如何安排课下自习课的时间？高三会多出一些自习课，尤其是下午。任课老师可能会占用一部分，所以我们要提前预留一定的自习时间。由于白天自习课都在学校，所以我们可以优先选择完成老师布置的作业，这样有什么问题可以直接找老师或者同学帮忙解决，最好能在放学之前将"硬性"的任务都完成，为自己进行复习总结留出时间。

我们晚上的自习时间是一个整块的时间，是进行知识点系统梳理和思考的最好时间。用这个时间我们可以整理白天课堂上老师复习的内容，结合错题集找出自己的漏洞，强化训练，反复练习，巩固知识。这种时间规划适合大多数同学，一方面我们能紧跟老师的复习进程，不漏掉任何一个知识点，另一方面可以为后期综合训练打下基础。

除去以上的时间，我们平时剩下的自主时间基本都是碎片式的。如何利用好这些时间将成为高考取胜的关键！让我来细数一下我的高三时间轴上的碎片时间：

◎ 早饭后半小时背英语单词，然后进入正常的早读课；

◎ 课间 10 分钟基本是回顾上节课的内容，为下节课做准备的时间，不要安排过于繁重的任务，课间 10 分钟就是用来过渡的；

◎ 午饭排队时就把随身带着的小笔记本拿出来背一背；

◎ 午饭后午休 20 分钟，看错题集，把当天需要记录或者消化的内容记录下来；

◎ 晚上洗漱后半小时背单词；

◎ 睡前 10 分钟梳理一天的复习内容，反思学习方法和状态；

◎ 周末回家坐车、等车时看随身笔记本；

◎ 公交车上听英语。

其实在合理运用碎片时间方面，我并没有做得很好，但我一直在根据自己的实际情况进行调整，比如 10 分钟以内的空余时间，我就选择闭目养神，短暂地休息；超过 10 分钟我就安排一些单词背诵、语文基础知识和常识背诵等简短的任务。

还有一类特殊的时间点要重点安排——节假日。这是一段没有课程安排的时间，所有时间都是我们自己的，如何更好地利用这些时间就显得非常重要。我的建议是第一学期节假日可以和平时的课程安排时间相似，按照学习一节课、休息 10 分钟的频率进行学习。到了高三下学期，则要调整到"高考时间"，即按照考试的时间来安排学习，比如上午主要复习语文或者理综/文综，下午以数学和英语为主，在时间上也是一样，尤其是高考临近前基本进入自由复习的阶段，那么一定要按照这个时间来复习，让自己有一个生物钟上的认知惯性。

【暖心暖语】

高三这一年中的每分每秒都必须争取,因为失去了就没有了,到达高考这个终点的时间是有限的。

早睡早起与晚睡晚起

从睡觉和起床时间上区分,我们可以分成四类人:晚睡早起、晚睡晚起、早睡晚起、早睡早起。作为高三学生,我们假设早睡/晚睡的分界点在晚上12点,早起/晚起的分界点在早上6点。

(1)晚睡早起类

高中学生中一些"拼命三郎"会开启这种模式,但可以肯定的是,这种生活习惯不利于长期坚持,因为身体承受不了。从睡眠上"省"出来的时间并不会真正给我们带来学习上的收益,反而会让自己白天由于睡眠不足而精神不佳。科学研究已经表明,缺乏足够的睡眠会导致人体免疫功能下降,长此以往无异于慢性自杀,实在是不可取。

(2)早睡晚起类

如果作为一名高三学生,你能心安理得地早睡晚起,要么你一定是天才型的学霸,要么就是你不太在乎高考。如果在早晚时间段就比其他同学少了2小时以上,一年下来你就比其他人少学了700多个小时,这中间能学多少东西?另外,从生物学的角度来看睡眠也不是越多越好,物极必反,过多的睡眠也能让人白天无精打采,失去活力。

这类同学也会整天喊困，总感觉睡不够，其实可能不是睡眠不足，而是睡太多了。

（3）晚睡晚起类

这是现在高三学生的作息中较为常见的类型。很多同学一般在半夜12点或者1点左右睡觉，早上7点多起床，因为上课的原因，不可能晚起到8点甚至9点，那么就可以知道这类同学的睡眠时间在6~7小时。晚睡的主要弊端是身体机能可能出现紊乱，内脏功能下降，不利于身体健康，而且会引起内分泌失调，影响情绪；但夜晚又能提供一个绝佳的学习环境，能让人静下心来真正去记忆一些知识。如果有条件（没有限时熄灯的压力），而且身体能习惯这种睡眠模式，高三学生可以尝试。

（4）早睡早起类

这种作息类型的好处很多。如果能看到早上太阳升起，呼吸清晨的空气，静谧中听见鸟鸣，心情肯定大好，让人充满了朝气，感觉做什么都能成功。早起的周围一切都是安静的，也能高效地记忆背诵语文和英语；早起还可以做做运动，吃一顿营养丰富的早餐，为一天的学习打好基础。但早睡早起要有个度。比如你吃完晚饭7点就上床睡觉，然后凌晨3点起来，那整个生物钟就乱了，精神状态也会出现问题；但如果晚上10点睡觉，早上5点或6点起床就会感觉很舒服。高三的学生不能睡懒觉，所以基本都要在早上7点前后起来，起床时间的自由性不是很强，所以主要是看什么时间睡觉。根据调查，我们有五分之一的人是早上容易兴奋，属于清晨型；五分之一的人是晚上容易兴奋，属于夜间型；剩下的五分之三就是介于两者之间的人。所以在保证 6～8 小时睡眠时间的基础上，结合个人的生活习惯，来确定自己的作息规律，找到最佳点之后形成习惯，基本在学习中都能有一个很好的精神状态。

人体的两套机制共同决定我们的作息：一是睡眠内稳态机制，二是生物钟。前者决定了大脑活跃时间，后者则决定了睡眠状态。所以不同的人有不同的休息模式，只有找到最合适自己的，才能每天精神饱满，迎接各种挑战。从我个人经历来看，早睡早起的作息类型更为科学，也让我每天更有精神。

我喜欢的作家村上春树在《当我谈跑步时 我谈些什么》一书中就提到了他如何调整自己的作息，让自己习惯早睡早起的内容：

"清晨 5 点起床，晚上 10 点之前睡觉，这样一种简单而有规律的生活宣告开始。一日之中，身体机能最为活跃的时间因人而异。我是清晨的几个小时可以集中精力完成重要工作的人，随后开始运动或者打理杂物，这些事情不需要我集中全部注意力。傍晚时分我可以休闲游玩，不需要继续工作，比如读书、听音乐，放松精神，为早睡做好铺垫。

我大体就是以这种习惯生活至今，20 多年来工作顺利，效率高，而且生活快乐。因为习惯于早睡早起，夜生活是不存在的，但我很高兴，我能早睡早起。"

我也是偏向于"清晨型"的人，因为高一、高二期间我也经历过学习到半夜 12 点的阶段，但效果并不好，总觉得白天都有些困，午休也是一睡就是 1 小时，这直接影响了下午的学习状态。

所以我决定调整为早睡早起。这个调整过程是比较艰难的，因为我的生物钟已经基本形成了。第一周很辛苦，早上需要有 3 个闹钟来叫醒，10 分钟响一次。为了不影响正常的学习，我利用进入高三前的暑假进行调整，一开始晚上 10 点还精神不错，第二天早上也起不来；慢慢地，到晚上 9 点半我就开始放些平静的音乐，进入入睡状态，10 点就有睡意了，闹钟也从 3 个减少到 1 个，就这样我硬是将自己的生物钟调整过来。过了第一周，后面的时间就轻松多了，20 天之后我就彻底改变了原来的作息习惯，开始早睡早起。进入高三之后的我延续了这种习惯，过去白天精神不佳的状态也得到了很好的改善，重要的是我并没有减少学习的时间。

【暖心暖语】

科学的生物钟让人精神饱满，一天都有好心情。

对症下药打败失眠

高三的同学们经常遇到失眠的情况，要想改变这种状态，关键在于找到问题所在，对症下药。有些同学是间歇性失眠，只要晚上稍不注意，过了平常睡觉的时间点就睡不着了，异常兴奋；有些同学是习惯性失眠，养成了越晚精神越好的习惯，必须躺在床上 2 小时左右才能慢慢入睡；有的同学因为压力大，焦虑过度，睡觉前会想东想西，越想越担心，越想越睡不着；有的同学喜欢晚上喝茶或者咖啡，大脑很累但就是无法入睡……

如果我们失眠的情况非常严重，每天都是凌晨才能睡觉，那造成的影响也是非常严重的，尤其是对身体，当然精神上也容易造成神经衰弱，"每天无论是早上床还是晚上床，都要在凌晨一两点才能睡着，早上又必须7点起来，长此以往上课无法集中注意力，自习课总是在补觉"。如果同学们出现了以上情况，那么说明失眠的问题已经比较严重了，要及时调整，找到失眠的真正原因。

综合分析下来，我们可以认为失眠是因为受到一些不良习惯的影响而慢慢形成的。比如：有的同学做事拖拉，把每天的学习任务拖到晚上，错过休息的时间；有的同学不爱运动，身体出现疲态；有的同学饮食不均衡，营养补充不足等。这些因素都是不利于良好睡眠的，所以我们要找到自己的原因，在细节上作出改变以克服失眠。

高三的同学们很容易因为学业压力而失眠，学习上困难多，觉得时间不够，这些问题让同学们情绪上不稳定，总是心事重重，晚上难免多想，自然就会睡不着。如果是因为这个原因，那么我们要让自己学会"苦中作乐"，让自己的学习变得轻松起来，在第三章中我们曾经详细阐述过。我们只要能在白天结合自己的计划全力以赴，完成任务；睡觉时回想自己的一天，发现又收获了一些知识，又进步了一些，心情自然就会好，也能比较舒心地进入梦乡了。

正视失眠问题，要学会调整心态，不要因为失眠而焦躁不安。作为高考的过来人，我建议同学们应坚持每天适量运动，这对睡眠是有很大帮助的。

我们要重视起床时间，早起是能帮助我们早睡的。所以我们不能每天早上8点才迷迷糊糊地起床，也不要白天一有空就趴在桌子上睡觉，白天睡够了，晚上自然就不困了，怎么还能睡着？所以当我们制订好了睡觉和起床的计划，就要严格按计划实施。到了起床的时间点，无论前一天多晚睡都要起来，这是为了保证这一天的睡眠作息能够正常，不能因为一次没按时睡觉而影响了生物钟。同学们最担心的就是高考前一天也遇到失眠的问题，这时候我们首先要做到心态上不紧张，因为高考三天出现失眠是比较正常的现象，只要我们放松心态，放空大脑，让它自己进入到休息的状态中，自然而然就睡着了。即使真的失眠了，我们也不要过于担心，因为那几天我们的精神高度集中，完全将注意力放在了考试这件事情上，所以大脑也会异常亢奋，对考试本身不会有太大影响。

我的亲身经历：要想睡着，就要不想任何事情，放空自己，这样估计几分钟之后就睡着了；第二天起来想到的第一件事就是昨晚心里对自己说的一句"什么也不要想……"。

在睡觉之前不要做的事情：

◎ 看情节生动的小说或者电视剧、电影等；

◎ 刷手机和电脑（微博、新闻、朋友圈……）；

◎ 喝茶或咖啡；

◎ 晚餐过晚，吃油腻或者不好消化的食物；

◎ 和人夜聊，越聊越来劲（尤其是住校生）。

在睡觉之前可以做一些帮助入眠的事情：

◎ 放轻音乐、心灵催眠曲等，可以平静心情；

◎ 泡脚，对身体好，还能疏解疲劳和压力；

◎ 深呼吸，让自己从学习状态中回归平静；

◎ 喝一杯热牛奶或者酸奶；

◎ 洗热水澡，清清爽爽地上床睡觉；

◎ 做睡前按摩或者瑜伽。

良好的生活习惯是正常作息的基础，如果刚进入高三，我们要有意识地去调整自己的生活，不要一天一变，否则等到真正需要调整的时候可能就来不及了。所以，只有健康地生活，才能有健康的身体和心理去面对高三的学习以及高考的考验。

【暖心暖语】

失眠不可怕，可怕的是不知道为什么失眠。

悬梁刺股不如张弛有度

我们一直强调一句话：科学使用时间，让每分每秒发挥最大价值！

悬梁刺股是用来形容古代人刻苦学习的，但现代人更要追求的是科学学习，张弛有度，这才是高效学习的最佳方式。

时间并不是和成绩成正比的，有的同学时间花了很多，成绩却不好；有的同学只是利用了课堂时间，成绩就能保持在中上水平。可见运用时间更需要重视的是质，即效率问题。

有两个同学在上自习课，他们桌上都放着今天的作业——一张数学卷子，40分钟后，A同学完成了试卷，已打算校对答案，找问题纠正，B同学此时才刚刚完成四分之一；60分钟后，A同学分析完试卷，做好错题集，就离开教室出去跑步了，B同学还在做试卷；100分钟后，A同学准备洗漱吃晚饭，B同学发现时间来不及了就匆匆忙忙完成试卷剩下的题目，一起吃晚饭。

我们看看A同学花在学习上的时间是60分钟，B同学花在学习上的时间超过了100分钟，那么谁的学习效果更好呢？很明显是A同学！

有同学会有猜测：可能B同学基础比较差，做题慢，A同学本来就比较优秀，做题快，效率自然高。这确实是两位同学出现做题时间有差异的因素之一，但我们看看前40分钟，B同学做了什么。他眼睛看着试卷，手拿着笔在草稿纸上写写画画，却没有在解题，而在想昨天的一场球赛或者是今晚放学后的电视。他的思绪完全不在自己的作业上，所以效率才会这么低。

他们的故事还没有结束。晚饭后A同学精神状态很好，稍作休息就进入了晚自习，B同学吃完饭有些犯困，就先躺在床上睡了半个小时，起来之后也没有完全进入状态。到了晚上10点左右，A同学早就完成了学校的作业，也完成了自己的复习任务，就泡脚、上床准备睡觉。B同学此时还没有完成学校的作业，但却暗自庆幸："幸好刚才睡了半小时，精神变得好多了"，所以正埋头学习中，直到12点才完成任务进入睡眠。

同样的晚间时光，在时间的量上B同学确实多过A同学，但学习效果明显不如A同学。长此以往，我们都能预想到A同学和B同学今后的成绩差距。

针对以上的现象，我们不能忽略"马太效应"（即，强者越强，弱者越弱）的影响，但总的来说还是学习态度和方法上的差异。A同学明显比B同学更知道如何合理利用时间，保证复习的效率。B同学在学习中不能集中注意力，导致效率低下，影响了休息和锻炼的时间，这样直接影响每一天的学习。

对于全身心投入学习的A同学来说，他的每一段时间都是充实的，感觉时间过得很快。而对三心二意的B同学来说，他的每一段时间都比较漫长，因为他一直都没有集中精力。明明是相同的时间，有的同学感觉时间长，有的同学感觉时间短，这是检测自己是否投入学习最直接的感受。

张弛有度地学习也是为了更长久地"战斗"，要做好打持久战的准备。如果像B同学那样学习持续一个月，估计身体和精神都会十分疲惫；如果像A同学那样，相信坚持三年也不会感觉太累，更何况是高三一年呢！

有同学反驳:"谈张弛有度、劳逸结合、自制力的,是因为你们的基础本来就不错,但并不是每一个人都能想要重新好好学习就能有一个好的开始。大部分人学习能力跟不上,只有投入时间来弥补。"

这个观点是正确的,一些同学过去太"松弛""安逸",到了高三,时间就比较紧张,相对来说不能放松。但是即使在这种情况下也还是要做到"张弛有度",这里所谓的放松是指合理的睡眠时间和运动时间,这是和学习一样必要的。至于其他的娱乐项目确实要放弃!

【暖心暖语】

时间紧张,要做的就是学会"挤"时间。

"挤"时间更重要

"时间就像海绵里的水,只要愿意挤,总还是有的。"不少同学信了这句话,却用错了方法。有的"挤"睡觉的时间,导致熬夜学习、学习效率持续低下,还会引发失眠、精神萎靡不振等问题;有的"挤"运动的时间,造成身体免疫力低下,经常生病,耽误学习;有的"挤"老师的课堂时间,造成错过最佳学习机会;有的"挤"吃饭的时间,造成营养不良,跟不上高三的学习强度……这种挤时间就是在做无用功,对提高成绩没有任何帮助。

前面我们也提到了时间并不是多就一定有用,但在保证效率的前提下，时间多当然有利。时间对任何一位同学都是完全公平的，24小时不会多出一分一秒，所以要挤出时间来让自己能将更多的时间用到学习上去。高三的竞争其实也是时间上的竞争，看谁能从高三一年中挤出更多的时间用到真正的复习中。

一个努力程度适中的高三学生，一天用在学习上的时间大约有10小时，这个时长能保证学生拥有充足的睡眠和休息时间。如果我们挤时间，一天三餐共花去1小时，一天走路的时间花去1小时，一天洗漱上厕所的时间花去1小时，然后睡眠时间挤到剩下7小时，那么一天用在学习上的时间就多到了14小时，学习时间增加了40%。乍一看，这个数字是令人激动的，但如何使这部分"挤"出来的时间可以贡献出同等的学习效率，才是"挤"时间的关键！

首先提一个问题，高三的你还在用手机、平板电脑、游戏机、笔记本等娱乐工具吗？如果还在用，请赶紧"锁起来"，要从心底将它们锁上；如果担心自己会忍不住拿出来玩，可以将它们交给父母甚至老师。总之，这些东西基本都是争夺你学习时间的"对手"。

我们需要保证规律而高质量的睡眠，具体作息如何，在前面有讲述。有一个规律而稳定的睡眠时间是我们"挤"时间的保障。这里强调一下午睡问题。高三的同学们最好养成午睡习惯，这样能保证下午的学习效率，但是午睡时间不要超过40分钟，如果超过40分钟反而会在睡醒后感觉头昏昏沉沉。以我的经验，哪怕午睡5分钟都是非常有帮助的。

我们需要定时运动，这在前面也有阐述，这是为了强健和改善大脑，让我们的大脑处于最佳状态。

有人会说："不是在说'挤'时间吗？怎么都在讲如何占用学习的时间啊？"表面上看起来确实如此，但是这些时间是不得不"占用"的，因为这会大大提高学习效率，这其实就是一种节省时间的方法。

要想"挤"时间我们就要有科学的学习计划，把学习内容做好分解，接下来我们要做的就是两个字：实施！计划不是放在那里给人看的，而是指导我们自己行动的，同学们一定要按计划去做！如果出现完成压力大的情况，那么要及时调整，重点还是应在实施上。千万不要做语言上的巨人，行动上的矮子。

只要我们能顺利完成每天的计划就是在"挤"时间，因为当我们制订一份科学的计划时，会把所有的时间都考虑在内，会根据时间长短去安排自己复习的任务，越详细的作息表越有助于"挤"时间。比如制订计划时我们需要写清楚晚上洗漱后背半个小时单词，可以开始背10个，逐渐提高到20个、30个、40个，这种量化的任务能帮助我们去实施计划。在时间上我们没有增多，半个小时还是那原来的30分钟，但是我们在学习的内容上不断增多，这就是"挤"时间的作用。

我们制订计划时也要说明如何用好碎片化时间，让自己有一种主动意识。如果一开始我们没有养成这种习惯，一些碎片时间就在不知不觉中浪费了。如果在制订计划时讲清楚什么时间可以看看笔记，读读错题本,并能实行起来,那么就能形成习惯。当你排队时就会主动拿出小笔记本复习,当你等车时就会自然而然地选择听听英语。

【暖心暖语】

当你能控制时间时,你的高三学习才算真正走上正轨!

高考倒计时的真正作用

进入高三阶段,诸如图 5-1 中的"高考倒计时"就以各种形式出现在你的视野里。高考倒计时的出现更多的是让我们意识到时光飞逝,要珍惜当下的每一天,高考离我们越来越近了。

图 5-1

但是，有些考生看到倒计时却感觉到压力，有的甚至非常抵触这种倒计时的牌子或者海报。他们认为倒计时就像一根鞭子，高强度地驱赶着已经在奔跑的学生，逼得人喘不过气来。有些考生一开始感觉有激励作用，看多了也就习惯了，除了是个每天都在变小的数字也没有什么其他的感觉了，反正抱着"破罐子破摔"的心态，就当是等着"解放日"的到来。

以上这些心理状态明显是不对的。面对高考倒计时，我们首先要学会化解心理压力。适当的压力是必要的，因为高三复习需要我们有一种紧迫感，每一次抬头看到这个倒计时能让我们有这种紧迫感，比如刚想开开小差时看到倒计时就会意识到时间很紧迫，把心收回来；但不能让这种压力过于放大甚至"压倒"自己。

我认为高考倒计时是高三复习计划的计时器，同时也是高三时间节点的闹钟。它可以告诉我们什么时间要做什么。在复习过程中，老师都会告诉我们，我们要完成的是三轮复习，然后进入到模拟考试阶段，最终高考。但具体时间是什么时候，难道要等到三轮复习完了，我们才意识到要"一模"了吗？我们肯定要给自己设定一个时间规划表，比如高考前 100 天的时候我们要做什么，高考前最后 10 天我们要做什么。

进入高三后，我们可以根据高考倒计时制作一个时间规划表，如表 5-1 所示。这种倒计时时间安排，能让我们时刻关注自己的复习进展，防止浪费时间。

表 5-1 高考倒计时时间规划表

时间节点	重点目标
高考倒计时 300 天	第一轮复习,有疑必问,做好计划
高考倒计时 230 天	梳理知识点,做到细致全面
高考倒计时 200 天	第二轮复习,总结存在疑问的内容
高考倒计时 150 天	第三轮复习,形成自己的复习体系和知识网络
高考倒计时 120 天	综合题型训练,巩固复习的全部知识
高考倒计时 100 天	"一模"准备:强化训练,重视题型的认知和总结,贯穿知识点和解题思路
高考倒计时 30 天	"二模"准备:调整训练,找到高考的感觉和节奏,全面总结错题,查漏补缺,重视基础

【暖心暖语】

高考倒计时,我们的时间计划表。

自主学习,学霸们的"无假期论"

对于高三阶段的假期,我们更要充分利用起来。一位考入清华的学长就和我提到过:学生无假期。当时我觉得挺惊讶的,觉得这也太没意思了!但真正进入清华后发现确实如此。

说到假期,清华给予学生足够多的空间,比如寒、暑假以及校庆和五一的连休,都比其他学校放假的时间长。清华学子们在这些假期里干些什么呢？他们都为自己安排了非常丰富的课外活动，用来提高自己在未来的竞争力。大学学子尚且如此，更何况是高三学生呢！

高三，一些学校会安排每周六继续上课，周日放假；一些学校两周放一天假……总之，学校希望学生不要因为假期而影响了复习的连续性。所以，身为高三学生的我们不能一放假就释放天性。客观点说，对高三学生来说，所谓的假期就是从"坐在教室复习"的状态进入到"坐在家里复习"的状态，从"和同学们一起复习"转变为"自己一个人复习"。

"和大家一起复习的时候挺容易投入的，一个人复习的时候总想干点别的。"这是很多同学自己学习时的感受。所以，当我们一个人在家里"放假"学习时，考验的就是自主学习的能力。

我们要为假期制订学习计划，要有一个类似于学校上课时的时间表。如果自己学习效率低，那么可以和几个同学相约一起复习，这样可以找到平时上学的感觉，有问题还可以相互讨论。

"我最喜欢一个人静静复习的感觉，没有人在身边，感觉能静下心来，而且学习方式也比较自由，想写就写，想读就读，想背诵就背诵。"有这样想法的同学一定要利用假期的机会，好好复习，查漏补缺。

所有的同学都喜欢假期：有些同学喜欢假期是因为终于可以放松去玩了；有些同学喜欢假期是因为他们在复习过程中太需要这样一个自由时间和空间。对于后者来说，平时上课不仅要马不停蹄地跟着老师的复习节奏，还要利用自主复习配合老师的进度，基本没有时间整理和总结，那么假期就是一个调整的时间段。所以每周的假期一定要留出 2 小时以上的时间来整理前期的复习内容,并反思复习效果。所以前者不应该放假,后者应该多放假。

我们来计算一下高三的假期。比较长的两次假期是升入高三前的暑假和高三中间的寒假,这是帮助我们更好地完成高三复习、迎接高考的非常重要的时间段。这个暑假我们不应该再有较长的休假计划了,应该把心思都用在学习上。最重要的是,我们要调整好进入高三的状态,比如作息问题,心理状态以及相关的复习资料等,做好"四补"——补知识、补能力、补方法、补状态,为高三高效率地学习做好全面准备。寒假时间较短,整个春节估计也会在备考中度过,我们要做的事情主要是总结上一学期复习的内容,找到自己的主要问题,对薄弱学科进行强化训练。前期复习效果比较好的同学可以尝试做一些综合性的试卷,开始培养高考应试状态。

高三这一年中的小假期,和周末假期具有同等重要的作用,我们要合理安排时间。

当然,节假日的学习和平时学习日一样,安排适当的休息和放松是必要的,在节假日我们也可以转变平时运动休息的方式,比如有条件的话和父母一起去外面爬爬山或者逛逛公园等,适当调整心情之余还能锻炼身体。

【暖心暖语】

"高三无假期",假期是我们学习的调整期。

学会自我控制，时间才会成为自己的

很多同学在心里很难形成"无假期"的观念，因为在没有约束的情况下我们很容易懈怠，学习效率也会降低，因此这里不得不提一提自控能力。前面介绍了很多关于时间规划的重要性，但想让时间真正成为自己的，按照规划行动才是关键。由此可以看到，同学们的自制能力有多么重要。

自制力差的同学一定要主动找家长和老师帮忙，比如在学校请老师监督，在家里请父母监督，慢慢让自己养成主动去执行计划的习惯。同时平时可以和一些自制力较强的同学一起学习，因为当身边有其他同学在刻苦学习时，我们也会收敛很多。

假期学习时我们也要有一个良好的习惯，不能因为环境因素而破坏了自己的学习状态。有些同学在学校学习时就是坐没坐相，回家就更自由了，甚至躺在床上学习，然后一碰到床还没有怎么学就睡着了。所以学习的时候一定要坐好，这样才能帮助我们提高自制力。

我们需要认清自己的弱点，用意念控制自己的行动，这样才可能远离诱惑。我是电视迷，那我就彻底断了看电视的念头；你是手机迷，那你就把手机交给父母，这一年尽量不碰手机。当我们可以做到破釜沉舟时，自然就会专注于眼前的复习，走好眼前这条路。

我们需要用自制力去控制，主要原因是我们对学习的兴趣远不及玩乐，想象一下，如果学习变成喜欢的漫画或者小说，还需要有意识地控制吗？我们早就自己投入进去了。所以激发学习兴趣很有必要。要对学习有好感，就要从日常的解题考试或者复习中发现一些小乐趣，也可以人为地设置一些小的奖励，慢慢地形成一种良性循环，成绩也会稳步提高。

我们发现，高考目标明确的同学往往自制力也会强很多，因为同学们有了追求的方向，就有了动力；而那些仍旧茫然的同学可能就没有那么强的学习动力。高中生要趁早确定自己的高考目标，比如"我想考上'一本'！""我要进重点大学！""我可以考上清华、北大！"这些目标要结合个人的具体情况，最好定个比现在学习水平高一个级别的标准，这样会更好地督促自己。目标就在前方，自己能做的就是脚踏实地，认真完成每天的任务，所以在学习上有目标的同学不容易被其他事情干扰。

人都有惰性，那么想要偷懒之前请多一点思考。想想是不是还有作业未写完，还有某个知识点没有搞懂，还有题目没有弄明白，还有计划表里的任务没有完成。这样就能给自己一个提醒，不要等到时间被浪费之后再来后悔。

我觉得自制力的培养也是渐进式的，比如今天某个时间段我特别不想学习，想要出去玩，但我的自制力发挥了作用；到了第二天这个时间，同样的懈怠心理又出现了，但这次没有费什么功夫就被抑制住了。所以通过一次次的自我约束和控制，我们会变得越来越坚定，自制力就会大大提高。

【暖心暖语】

坚持做好自我控制，不仅有助于高三的学习和最后的高考，更对我们未来的人生有很大的影响。

第六章

灵活应对转变

高考始终是一场考生综合素质的选拔,我们作为学生,本身的学习能力最为重要。正确的学习方法就是制胜法宝。

认知转变的强大

一个人能清晰意识到自己失败的原因,不容易;明白了前因后果还能及时修正自己的行为更难。但无论从何时开始转变,都不算晚。

成绩未达到自己预期的同学,需要思考自己是不是在学习上进入了"对自己的高期望→落差→各种努力→不见成效→自己是个失败者→看到了自己行为上的更多失败→觉得自己无能→犹疑、彷徨、焦虑→不甘心、纠结→身心疲惫→更容易倦怠→进一步给自己消极的暗示"的怪圈中,如果是,应立刻转变!

我们解决问题的第一步就是跳出自我,从高处俯瞰自己,充分认识自己。我们需要踏踏实实地把握住每个可以把握的机会，不断缩短现实与理想之间的距离。

我们天天努力学习是为了什么？为了进步！但是你的进步在哪里呢？一天完成了多少的进步量？是0，甚至是负值，那请问为什么还要浪费时间去学习？直接去玩吧。

当我们认清楚自己学习的目的，就会对自己进行评估，每一天进步了多少，每天学习了多少，长此以往，我们在不知不觉中拉近了和目标的距离，到了某一天也许能成为别人的"目标"。

有人问：努力就可以上清华、北大吗？如果可以，怎么做？

一位北大的学生如是说："方法得当，功到自然成。有些人的努力可以超越时代、阶层、性别、年龄、民族。有些人的努力，超出了绝大多数人的想象。有些人的努力程度能让人震惊，只有荡气回肠的故事才适合表达。"

当我们关于学习、高考的认知发生了转变，当我们决心要努力去做想做的事情时，我们的能力就会变得强大，我们可以为了攻克某个难题去用心学习一种解题方法，我们可以为了理解一道题而问遍身边所有的人……

【暖心暖语】

当认知转变到正确方向，我们对学习就多了两个字：执着！

学会应对长期高强度的学习

为了更好地理解高三意味着什么，我们不妨看一下正态分布曲线，如图6-1所示，越过了纵坐标左侧的竖线，就代表搞懂了基本的概念和理论，而真正理解和熟练运用，则是跨过了纵坐标右侧竖线之后的内容。与这个正态分布曲线对应的则是每前进一小步，付出的努力要增加好几倍的指数曲线。也正是这个原因，让许多中等生在到达纵坐标附近的时候就觉得自己很厉害了，产生了别人也没比自己强多少的错觉，实际上每一个小进步的背后都是巨大的付出，还远不到停歇的时候。

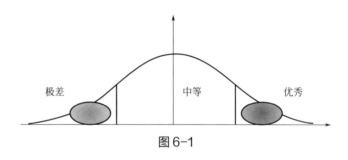

图6-1

举个例子：顶级球手和普通球手的技能区别就在于前者较之后者可以多接住一个球。而这表面上一个球的差距，背后付出的巨大努力却是外行人看不到的。要想接近顶级球手的水平，就要不断努力。

对于优秀者来说，高三阶段只要保持自己的水平就可以，而对于中等的同学来说这是一次大大的机会，一年之后能否进入到新的"领域"成为优秀学生中的一员，就看这一年的复习效果。但是从图6-1中我们也能看到，要想靠近优秀者，每一步背后都要付出努力，必须有坚持长期高强度学习的决心。

如何保持这种长期和高强度的状态？

第一，我们需要保持着始终如一的专注和热忱。

就算是自己不喜欢的课程，因为是高考科目，也必须调动自己的热情去学习。当一个人有了目标和热情的时候，关注度和用心程度就会提升。这样，你就会系统地掌握这门课的内容，在平常的思考中，也会关心和思考这门课里的内容。在这种情况下学习质量自然就会提升，同时，一门课的内容和要点其实是有限的，当你长时间跟进和学习的时候，课的难度自然就降低了。

第二，我们要把平时分散的时间有效地利用起来。

出行走路的过程中，在一些公共场合无法看书以及很多人闲聊且自己又无法脱身的时候，我们可以在脑海中将平时学习的内容过一遍。具体的做法是：系统地把课程一个章节一个章节地在头脑里过一遍，做复述。这样一来，课程的内容就会全部系统地出现在记忆里。这是一种有效的复习方法。在真正面对高考考题时，只要在教材中出现过的题型，就算你一时回答不出，也能快速在记忆中检索，悟到要点，完成考试内容。

专注和热忱是成长的基石。我们需要保持这两点，学习就不会成为负担。

【暖心暖语】

请把以上的事情一天一天坚持做下去！

从学习新知识到复习旧知识的转变

高三的学习和高一、高二是有差别的，不过高三的学习又是高一和高二的延续，如果前两年没有好好学，那必然会给高三带来更大的学习压力和学习任务。从学习内容上我们要有第一个转变：学习新知识→复习旧知识。

一些同学一开始适应不了高三的复习模式，会有"不重视""不回顾""死做题"的问题出现。我们可以通过对比新知识的学习要求，来看看复习过程中我们真正要做的工作。

课前预习

新课时期：提前了解下课程内容，有助于上课听讲。

误区：复习的时候，不少同学认为自己早已掌握了这些知识，即使有些遗忘的内容也经老师一讲就能想起来，所以认为不用再预习。

高三时期：预习必不可少。这是我们了解自己过去两年对这部分知识点掌握程度的重要步骤，找到自己不太清楚或者经常出错的知识点，分析原因，将其标注出来，在上课时重点关注，还可以向老师提问请教。这个过程让我们的听课更有针对性、更高效。

课上笔记

新课时期：对上课时老师讲到的重点内容做笔记，尤其是一些课本上没有的内容。

误区：复习的内容都是对过去内容的重复，用过去的笔记就行，不需要再做记录，只要认真听好课就行。

高三时期：做笔记是必要的。复习时老师讲解内容的方式会和新课时有差别，会通过知识体系来讲解，帮助同学们更好地记忆，这是在新课时没有机会或者很少讲到的内容，所以要记好这些知识点之间的逻辑关系。建议复习阶段专门准备笔记本，记录老师强调的考点以及知识链关系等重点内容。

课后回顾

新课时期：做课后作业之前先回顾新课的内容，然后用做题来检测。

误区：复习时回顾可以省略，老师上课就帮助完成了这一步。节省时间用来做题更有效果。

高三时期：回顾很重要。我们这时候的回顾不仅仅是把老师上课的内容重新看一遍，还要总结归纳，以此形成自己的知识体系。其实从新知识学习到总复习阶段，很多知识只有通过大脑的规整，然后重新"排序输出"，才能形成我们自己的知识。

做题考试

新课时期：熟悉知识点的出题形式，关注自己能否灵活运用学到的新知识。

误区：验证自己的掌握程度，多刷题，多做难题。

高三时期：在检测自己掌握程度的同时，更重要的是学会分析题型，能够对题型有一个全面的了解，所以做题也要有选择，不要执着于解难题，基础题更需要重视。要总结出题者的思路，了解题型的变换形式，提高整体的解题效率。不要把时间都花在偏题、难题上，除非你已经确定自己掌握了基础题和中等难度的题。

【暖心暖语】

高三时期需要我们自己投入时间学习的内容远远多于新知识学习时期，因为这基本就是高考前一次完整的知识梳理和综合复习的过程，除了上面提到的任务还要不断地总结积累，一方面以"滚雪球"的方式把知识积累起来，另一方面又要以"剥洋葱"的方式一层层地消除自己的难点。

从掌握知识点到题型和技巧的转变

我们需要明确高三复习的侧重点。我们要了解高考，有针对性地按照高考试题思路复习才能提高效率。高一、高二学习知识是打基础,是知识点的学习,所以到了高三我们要有从知识点→题型和技巧的转变。

从过去的案例中我们发现,即使有的同学能够背出来所有的知识点,但是到了考试时还是不能准确解答。这主要是因为他们对题型的认知不够全面,本质上没有真正掌握这些知识点。

高三阶段的复习重点是学习题型和解题技巧,形成最佳的解题思维,这锻炼的就是一种应试能力。学习的捷径只有使用正确的学习技巧和适合自己的学习方法。

日常考试仅仅是锻炼这种应试能力的手段,所以一个分数的高低并不能说明什么,要把重心放在总结得失的原因和经验教训上。分析错题是高三复习过程中不可省略的步骤,把自己感觉模棱两可的地方搞清楚,不积累问题,不增加自己的学习负担。

那么如何掌握题型?

建议高三同学先选好参考书。在高三刚开始时,老师会推荐一些参考书,我们只需要准备1~2套即可,重点要选有知识总结、题型全面、讲解详细的书。参考书不在多而在于实用。曾经有同学就是靠着记录老师课堂讲课内容的复习笔记和一套参考书在高三一年提高了100多分,顺利考入北大。而这一套参考书他做了三遍,把书中出现的每一道题都弄懂、弄透了,而且还掌握了不少实用的解题技巧。

我们需要有选择地做题。高三的做题不是应付,是要在做题中寻找规律、理清思路、掌握技巧,提高自己的学习能力。做题不在多而在于精。怎么选题?确定知识点上的重点、难点和考点,对比重要性来选择题目，还要结合自身的具体情况。如果某个知识点已经完全掌握了，是自己解题的"舒适区"，那么就可以选择自己不"舒适"的题型。

我们需要总结考试的错题，错题集中的题也要按照题型进行归类，总结出自己对不同题型的认知程度。这是一套完全属于自己的题型分类，重视其对提高成绩的价值，如果能全部弄清楚里面记录的题型，相信拿到90%的分数是没有问题的。

高三阶段的复习忌讳的是盲目跟随、没有自己的独立思考。比如有的同学复习就是老师说一步他动一步，或者完全沿袭其他学长/学姐的复习模式。这肯定是行不通的，会浪费很多时间。

高三阶段非常重要的一点是要有自己的想法。前面提到的跟着老师的节奏主要是指我们配合复习时，至少是要跟上老师的复习进度，如果有能力的可以超前复习，但要保证质量，最好不要比老师慢。但老师布置的学习任务我们要学会分辨和取舍，比如抄单词，如果这些单词我们早已经熟记于心，那就不需要花时间在抄写上，这是一种"无用功"。我们要把宝贵的时间用在更需要提高、更能见成效的地方。

一千个人的高三经历会有一千种情况。我们可以去参考前辈的方法，但如果完全效仿估计会碰壁。我们可以把学长们的方法融入自己的学习模式中，形成一套最适合自己的方法。

【暖心暖语】

掌握题型和学习技巧，并不是听一次课就能有立竿见影的效果，而是需要一个循序渐进的过程，重在执行和坚持。要在高三这一年中持之以恒地执行以下几点：巧练习，多质疑，勤思考，常归纳，多应用，重技巧。

结构化思维的确定，高效掌握知识网

高三的复习更要重视知识体系，我们如何能高效地在大脑中记忆整章节的内容，甚至整个学科的知识网络？答案是：培养结构化思维。

什么是结构化思维？其实就是对知识建立起一种规律性的结构，也就是分类和分层，形成一种有逻辑关系的知识网络，从记忆角度讲就是思维导图记忆方法的本质思想。结构化思维是最基本也是最有效的学习方法，它能让我们学得快、记得牢。

遗憾的是，很多同学并没有掌握这种思维方式，因为在我们学习过程中没有哪门课或者哪位老师来专门指导和训练我们，而我们自己也很少会有意识地去使用这种帮助学习的方法。

常见的学习模式就是学生一头扎进烦琐的知识点中，然后记住了后面的忘了前面的，花了很长时间还是没有真正掌握。如果是拥有结构化思维的人，在看到某个知识点的时候先考虑的就是知识大结构，然后从系统的角度去学习这个知识点，通过类比和区分很快知道这个知识点的核心是什么。

高中学习中最明显的结构化思维体现就是我们课本的目录部分。以物理学科为例，把每一学期的学习目录放在一起，我们可以明显看到整个高中的物理就分成了力、热、声、光、电和原子核这六个部分，每一部分下面都有分支，分支下面还可以细化。可见在进行教科书编排或者设计时也是遵守了这种结构化思维的。我们如果掌握了这种方法就能在大脑中构建出一套记忆体系。

以写书为例，我不是写完一节再写下一节，然后组成一章，再想下一章要写什么。我最开始就是建立起整本书的结构体系，从确定题目开始就要想好每一章重点写什么，然后再确定章节内容以及各章节如何分布，最后才是落实到每一小节的内容上。写书如此，读书也如此，拿到一本新书，我们先要看的就是目录，了解了整本书的结构，才知道这是不是我们需要的，我们要重点看哪些章节。可见结构化思维在我们的学习过程中随处可见，我们需要重视起来。

结构化思维能帮助我们更好地理解知识点。你只看一道题时可能会感觉没有思路，但如果换一下思维方式，我们去找题目中涉及的知识点，找到最核心的考点，根据过去积累的经验，就可以顺藤摸瓜找到解题思路。

结构化思维能帮助我们更高效地记忆知识点。因为通过将大量琐碎的知识点系统化、规律化，大脑中会直接呈现出一个结构化的模型。如果我们一开始就将这种结构画在纸上，即思维导图，可帮助强化这种思维方式的形成。那么这种记忆持续的时间会更长，也许以后回忆起来可能一下子记不起其中一部分内容，但不会忘记所有，而且当有一个点记起来，剩下的内容通过结构规律都能很快回忆起来。反之，如果是死记硬背而形成的记忆，往往忘了其中一句话，其余内容也成了空白。

我们在高一、高二的时候是一章一节地学习，那么在高三的时候就要建立"知识金字塔",让相关知识汇集到一个大知识点周边;建立逻辑关系,把相关知识联系起来。所以高三复习过程中总结很关键!这部分工作仅靠老师课堂上的讲解是不够的,我们需要花大量时间自己去归纳分析,不同复习阶段可以形成不同的知识体系,因为我们对不同知识的认知程度随着复习的加多、加深也是在不断转变的。如何形成这个知识结构图因人而异。

有些同学总是抱怨自己没有别人聪明,人家过目不忘,自己怎么花时间也记不住,怎么比?其实主要原因是自己的方法和思维模式不对,聪明的人只是一个普通人用了聪明的方法。

【暖心暖语】

想要变成一个"聪明人",也许只需要转变一下思维方式。

"题海",也要做到有的放矢

前面我们一直强调的是不要"题海战术",这一节我们具体来看看,到底要如何控制这个"题海"问题。首先作为高三学生,我们要有心理准备:做题是必然的!我不信可以靠不做题能考上大学。但是很多同学都不喜欢做题,或者不会做题,那么如何控制这个题量,如何做题就是一开始就要确定的问题。

(1)为什么一定要做题。最直接的原因:高考就是以做题的形式来考核考生。平时我们上课听讲,听明白了并不代表是真正会了,只有做题才是检验知识点掌握程度的真理。题是一定要做的!

如果你很优秀,复习之余的时间很多,时间多到只剩下做题了,那么你就努力刷题吧,总比你把这些时间用来发呆好。但是,大多数同学还存在基础知识不扎实、题型认识不全面、解题方法有漏洞等不足的情况,那么任性刷题的意义不大,应该将更多的重心放在整理和总结上:搞懂一道题意味着一系列的题都要掌握。

(2)做多少题才够。这个问题没有标准答案,应该以目前自己需要的题量来选择。选好题目,然后做了一题就要拿下一题,也就是说下次再遇到类似的题保证能做对。除了日常套题考试,平时自己练习时就不用再重复选择这类题型了。

其实我知道每天老师布置的作业就已经包括了很多题目,加上过去考试中的错题,我们一天的做题量基本已经够了,如果时间充裕自己还可以额外准备一些。但如果你在分析某一道题时没有理解透,那就得找其他参考书上类似的题了,多练习,看解析,多测试,保证最终真正掌握这道题。

有的同学问:"我们需要做多少题才算够?"这是没有标准答案的,但有一点是肯定的:成绩不好的同学更需要多做一些题,因为需要用做题来熟悉知识考点,训练解题思路。而成绩不错的同学会主动找题做,因为他们有更多的自主时间。那么这里就涉及选题的问题,这两者在选择题型的时候是有区别的,成绩不好的同学要选择针对性强的题,比如,专门针对今天复习中不懂的知识点或者不理解的题型来练习;成绩好、时间多的同学可以适当选择一些和复习相关的综合题来做，训练自己的综合解题能力。

针对不同学科，我们需要做题的数量也是有差异的，一般像数学这种强调逻辑推理的学科做题量就要比政治、历史等科目更多一些，所以文理科复习模式也有很大区别。

（3）具体怎么做题。做题要分成三部分，即解答＋校对＋总结。三者缺一不可。

我们解题的时候要专心，认真对待。有些知识点不太清楚时我们先不要看课本，就当做考试，可以先根据自己的思路确定一个方向，把题尽量解完。

做套题最重要的是在规定时间内完成，这就相当于考试，要让自己有一个时间概念，不能一套试卷无限期做下去，毕竟高考是在有限的时间里做题拿分的。套题中一定要以真题为主，再好的模拟题也没有真题来得有价值，要认真对待真题中的每一题，尤其是自己存有疑问的题目。

高三阶段，我们很多时候是自己校对答案的，那么建议平时做练习题的时候可以5～10题为一组进行校对，不仅印象深，校对答案的时候也能更有思路。但是套题例外：一定要在整套题做完之后再一起对答案，最后给自己打个分，看看自测水平。

总结是这三部分中最重要的一步，只有将做过的题反思总结，我们才能从练习题中成长，在错题中提高。总结过程中利用错题集是关键，因为总结的重点就是错误题目的总结，具体做法可以参考第四章。

【暖心暖语】

"题海"战术要有,但不能盲目进行。

文理交叉,强弱交替

复习时我们进行学科交叉学习对提高整体效率有帮助,但不是随意交叉的。比如,我们学习语文20分钟,学习数学20分钟,学习政治20分钟。这样,1小时被分成了三部分,这种学习模式不但没有提高效率,反而造成学习每一科时都没有真正投入。今天我先学习语文,再学习数学,明天我就先学习物理,再学习数学……没有任何规律的学科交叉也既不科学也不合理,纯属随意而为。

我们不提倡学科胡乱交替复习,而是建议科学地进行学科交叉复习,即在重点复习薄弱学科时兼顾其他学科。有些同学在自主复习阶段会用比较极端的方法,比如数学不好,然后他会一天不停地做数学、看数学,这种方法会让大脑疲劳,复习效果并不佳。

所谓的学科之间的交替学习,结合不同人的情况,是指强弱科交叉,文理科兼顾,单科和综合科目要分配好时间。一般每一门科目的学习控制在40~50分钟,利用10分钟左右休息放松,然后投入到下一学科的复习。

我们其实不用过多纠结如何安排学科的顺序问题。我们可以按照高考考试的顺序来分配时间，针对薄弱学科可以适当延长复习时间。晚上的时间可以用来复习强化的内容。

【暖心暖语】

多学科交叉学习需要控制好顺序和时间间隔。

套题等一等，专题复习先攻克

有的同学刚进入高三就急着做套题，这其实并不合适，反而会浪费这些套题的价值。"心急吃不了热豆腐"，高三复习阶段要扎实地走好每一步，所以建议先要按照复习计划做好专题复习，再开始高考模拟训练。

第二轮复习一般以专题的形式复习，但其实第一轮复习的时候已经出现了知识上的结构模块，我们要学习如何有效地将知识模块和题型专题结合起来。以数学举例，高三复习时会把集合、逻辑和不等式放在一起讲解，在专题上这几个知识点也会联合出题，所以就衍生出大量的题型。专题复习往往考验前期的知识掌握得是否扎实以及读题时对关键信息是否足够敏感。

第二轮复习开始，老师讲课中除了知识点，讲评试卷的频率也会提高，因为专题复习主要还是通过题型来体现的。一个专题下会有不同题型的对比或者统一题型的解法简析，老师会对一些重要的内容进行讲评，同时他也会删减一些他认为可以不讲的内容。可老师不讲并不代表同学不需要看，如果没有掌握，还是要花时间补上的。

专题复习往往是对同学们综合能力的考验，自主复习成了这一阶段最主要的动力。第一轮复习的时候，老师会比较细致地去讲每一个知识点，此时的进度还不是很快。第二轮复习则完全是另一种模式，老师会很快带过知识点，然后介绍题型以及解题方法。一些专题题型千变万化，光靠课堂的时间不够！所以课下更要努力，争取能在规定时间里攻克一个专题。

专题复习是对题型进行定义，而解题在这个阶段也要形成一种有针对性的模式。这时候你已经做了足够的题，那就应该形成自己的解题方式。不同学科之间要区分开来，不同题型也有不同的表达方式，比如在做政治习题时，提问方式一致的题可以分成一类，要在我们心中形成解答的顺序和引导词，分成各个要点来回答，这样即使拿不到满分也能拿到 80% 以上的分数。

专题复习时要主动挖掘题目之间的共性和差异，有时候在做数学习题时形成的解题思路在物理、化学中也能用得上。这就是学习的乐趣，当你将解题思路运用得炉火纯青的时候，就会发现它在各个学科之间都是互通的。

只有在做好专题复习之后我们做套题才更有意义。

【暖心暖语】

要拥有扎实的基础，先要搞定专题复习！

第七章

千人千面，千种方法

一千个人有一千种思维，所以一千个考生会有一千种应对高考的方法，我们越早找到适合自己的方法，对于高三复习越有利。想要实现逆袭的考生，要先解决学习方法问题！

高三不同的你我他

高三的同学正确进行自我定位非常关键，是制订整体复习计划的前提。

高二结束，大多数同学都会有一个较为明确的目标：我要考上××学校！现在高中生的选择也比较多，除了通过高考上大学，我们还可以通过自主招生为自己争取更多的机会，或者出国留学，或者考艺术院校、军校等，不同的选择要有不同的准备。

从大多数考生的情况来看，基本都是通过参加高考、填报志愿升入大学的，那么重点就是先根据自己的学习情况来设定一个大学的基本选择标准。结合现在高考的制度，我们可以做一个基本划分。

我们要给自己找到一个成绩上的定位，如果担心自己判断不清，可以找老师帮忙，尤其是那些分数徘徊在"一本"线、"二本"线边界线上的同学。

高二暑假时我就很全面地分析了自己的成绩水平，考上"一本"没有问题，但要上重点大学还需要高三阶段不停地努力。那我的目标就明确了：第一步，设定一个目标学校——浙江大学；第二步，对比去年高考的浙江大学录取线来分析自己的成绩，可以预估自己考试的成绩分布；第三步，看看自己的成绩和估算出来的成绩存在什么差距，最后制订出缩短这些差距的复习计划。

【暖心暖语】

高三全年的进展都源于这个目标定位指引。

不同分数段的不同应考方法

高三应考方法很多，但不是每种都适用。

我有过一次失败的考试经历。因为自认为数学成绩还可以，在高三复习的时候我就开始专门做难题，我想这样在高考的时候就能比其他同学有优势。于是我经常会为了一道题花去大半节自习课的时间，然后感觉非常自豪："自己又攻克了一道难题！"

但因为我把时间都花在了做难题上，忽视了基础部分的复习，影响了整体复习进度，在接下来的考试中就遭遇了滑铁卢，而最讽刺的是那次数学考试中我并没有做出最后一道难题！

那时的我有些不甘心，所以特意找了考高分同学的试卷来看，发现他们的扣分基本都扣在难题上，而基础题全对；对比我自己的试卷，我在难题上失的分和他们差不多，但是前面基础题错了太多。所以相当于我花了大量的时间让自己拿到了难题上的七八分，却丢失了前面基础部分的二三十分。这个事实让我一下子清醒过来了，明白虽然攻克难题是好事，但更应该先保证自己的基础题不会出现问题。

为了让大家有一个更明确的学习方向，合理安排应考方式，这里我想按照分数段来讲讲复习的技巧。

300分以下的同学

放弃高难题目，守住基础题。即使想要"超常发挥"，也要保证最基本的成绩。在高三复习的时候同学们不要因为做不出一些难题而耿耿于怀、怀疑自己，要重视基础题。

有一些难题可能大部分人都会错，而基础题可能只有少数人会错，那么从大方向上来说，如果你在基础题上丢分，说明你已经落后于大多数人了。所以只要保证拿到基础题的分数，就已经有了一个小小的竞争优势。

高三全面复习时要保证没有遗漏，不要因为有些知识没有复习到而错失分数。至于难题，就按照自己对相关知识的掌握情况尽力而为就好。

300～400 分的同学

基础题还是重点之一，同时还要学会避开易错的题型。高考题中有不少隐藏的"陷阱"，让很多考生不知所措，这里最好的解决方法就是错题集，通过积累和总结这些题目，认识"陷阱题"的类型，尽量避免出现马虎和粗心，成绩自然会提高。

500～600 分的同学

提高每一道题的解题速度，尤其是基础题目的解题速度。一方面是练习应考的状态，另一方面也是为自己冲刺难题和查漏补缺预留更多的时间，高考控制好时间就是在争取更高的分数。

在平时的练习过程中一定要把时间作为考试过程中关注的因素之一，如果有条件可以用有计时功能的手表，在做题或者测试过程中都进行时间记录，有意识地去提高自己的解题速度。

最能提高速度的题型就是基础题，因为这种题目往往不需要过多思考就可以解答。高三训练时要关注基础题解答的速度和正确率。针对难题的计算也要有时间控制，看自己在有限的时间里能够在难题上能拿多少分。

600 分以上的同学

需重视心态的调整，要以良好的状态投入到高考中，这样成绩上有突破也是有可能的。大多数同学高考成绩都会略低于平时模拟考试的成绩，但是也有一些同学高考发挥好于平时，这就是心态发挥的作用。

【暖心暖语】

基础知识扎实的同学要对自己有信心，相信只要正常发挥就能达到目标，所以轻装上阵，大脑处于活跃状态，高考的时候可能会有意想不到的惊喜。

不是越多越好的记忆方法

高三了，我们要有一套自己的记忆方法，一套就好，不宜贪多。

高考每一门学科都有需要记忆的内容，但是记忆方式会有差异。数学、物理基本记忆的都是定理公式，学习时先要有一个深入的理解，这就是上课时老师一般会推导这些公式理论的原因，掌握公式推理过程能帮助我们理解，这是记忆的基础，也是应用的基础。历史、政治科目记忆的基本都是大段的概念文字，复习时我们会通过背诵记忆或者自测记忆来检查自己复习的情况。运用时我们只要知道问题答案在某个章节，提取大脑中这个记忆片段，融入答题步骤即可。

高三进入了复习模式，根据"艾宾浩斯遗忘曲线"我们知道记忆是需要定期进行回顾的，那么高三复习过程中我们就要定期给自己安排记忆的回顾任务。

现在记忆方法很多，比如记忆宫殿法、思维导图法、图像记忆法等，但要灵活掌握一门记忆方法也是需要时间的，所以高三阶段如需花时间重新学一门复杂的记忆术，还不如选择简单、容易上手的记忆方式。

一位历史高考分数近满分的考生回忆自己复习历史时的经验，就是做好复习、做题、整理、总结这几步。

◎ 通读一遍书，划出重点（时间、人名、地名、意义），跟着老师再回顾一遍。

◎ 做真题，顺带记忆，从题目中去挖掘题目背后的知识和相关的知识点。

◎ 错题收集、整理，主要是找到自己没有记住的知识点，记录下来。

◎ 对重要的考点知识（重大历史事件）归纳总结，达到复述水平。

如果在高三这一年的复习中能坚持以上的方法复习历史，高考历史也就没有什么难度了，可见这种一步一个脚印，坚持到底效果是非常好的。

如果这种常规的记忆方法没有效果，我们就要想办法找到问题到底出在哪。以历史学科为例，有的同学一开始也是按以上步骤在复习，但在做题时总是出现知识点不清晰，看课本后仍记不住的现象，要不就是当时记住了，第二天又忘得差不多了。这时候要做的就是提高复习的频率，对于同一个知识点，也许他人两天复习一次，那你就需要一天复习一次，要比他人付出更多的努力。不同的同学要根据自己的具体情况来规划复习的次数。

为了加快记忆，你可以换一些方法，比如用色彩或者框图来强化记忆。手写思维导图是很好的方法，首先作图过程就是一次笔记记忆的过程，然后利用不同颜色和不同标识来连接和区分知识，在手绘的同时在大脑中也会建立这样的结构关系，对记忆有帮助。如果尝试后发现对记忆有效，适合自己，那么就可以大量使用该方法。

【暖心暖语】

任何一种记忆方法，只有在实行并被证明有效后才能称为方法。尽早尝试，找到最适合自己的记忆方法，是对高三高强度学习的保障。

高考考核的能力

应对高考，除了战胜各种学科"难关"，我们还需要重视综合能力的锻炼，高考看似只有短短几天，其实是对考生综合能力的考核。不同的考生要了解自己，然后有针对性地训练自己。

高三阶段的考生需要不断增强应试能力。除了埋头苦学，我们还要讲求技巧。高考是有规律可循的，掌握技巧就可以少走冤枉路。以高考作文来说，有媒体曾经邀请著名作家写过当年的高考作文，然后请高考阅卷老师判卷，结果分数都不太理想，为什么？因为作家没有接受过如何写好高考作文的规范训练。有的作家文采飞扬，写得很漂亮，但是跑题了，有的作家字数不达标……可见熟知规律是能力体现的关键。

高考有高考的规则，我们只有按照这个规则来答卷，才能有好的成绩。

考生要有大局观，需要整体把握自己的高考成绩，而不是只偏重某一门学科甚至某一个知识点。一位同学喜欢文科，语文、历史成绩非常优秀，但是数学很差，所以他在总分上没有什么优势。如果他一意孤行，抱着"反正以后要选中文专业，数学不好也没有什么关系"的想法准备高三的复习，那么可以想见，他想取得理想的高考成绩，甚至进一个拥有知名中文专业的优秀大学，必然要付出更大的努力。因为高考看的是总分上的排名，而不是单科成绩排名。

应有的大局观还指我们在高三阶段不局限于眼前的得失，而要从高考整体复习上来评价自己的学习情况。所以一时的分数、错误、低谷都不是问题，关键是长期坚持之后的成效。比如某一次考试你考了第一名，于是你觉得自己已经达到了原先设定的目标，就可以放松复习了，那么接下来就要面对直接从第一位掉下来的结果。一次考试的结果只能说明这一次你考得不错，但并不能说明你高考复习已经充分了，所以还是要持之以恒，坚持按照原计划复习，努力前行。

考生还要拥有良好的解题组织能力，其实这很简单，就是按照每一门学科中出现的题型按步骤解答就行。但就是有一些同学明明知道步骤如何，在试卷上却是一团糨糊，让阅卷人还得从一大堆文字中找到解题的开头。有的同学还不会分配空白处；有的同学一开始解题时以为一两步就能完成这道题，然后发现需要五六步，出现判断失误，结果解题步骤越写越密，越写字体越小，让判卷老师找了又找，才能判完全题。

所以我们要学会预判，在答题时给自己留好各方面的余地，当然我们还是不可能避免在高考过程中出现的所有小意外，比如，考试忘记带笔、考试中遇到从没有遇到的题型等。此时不要慌张，缺少文具可向老师求助，遇到新题型，冷静分析，小心求解做到随机应变，临场稳定的发挥会让我们在高考的考场上脱颖而出。

回归到考卷上，高考对考生的考核主要集中在四项能力上：获取和解读有效信息的能力；调动和运用知识的能力；描述和阐释能力；论证和探讨能力。每一门学科都是基于命题形成一套完整的高考卷。即使每一年都会有不同的专家对当年的卷子作出评价，但是这四项能力考核的标准是没有变的。

【暖心暖语】

不同的人在能力上都会有自己的短板，高三复习时要有意识地训练自己，不要逃避，直面之后才能找准解决问题的"钥匙"。

不同人眼中的试题，难易有差异

有一个熟悉的场景：一场考试结束，几个同学聚在一起讨论答案。

A："这张试卷选择题最后一题好难啊，我怎么算都没算出来，最后蒙了一个A。"

B："是啊，我也是，不过我感觉是B。"

C："选择题最后一题？是关于函数的那个吗？我觉得不难啊，难道我理解错了。我是这样想的……"

然后A同学和B同学恍然大悟，原来是这样，他们怎么考试的时候没有想到呢。

C 接着说:"其实我是被填空题的第四空难住了……"

B 接话:"那一题啊,一开始我也没有反应过来,后来发现题目中有一个'陷阱'……"

简简单单地讨论,我们就会发现不同的同学对于同一道题有不同理解:有的题目非常简单,可就是一些同学过不去的坎;有的题目是公认的难题,可有些同学就是一看就知道怎么解。

我们每一个人都有属于自己的难题领域,这个领域要从哪里知晓呢?错题本!如果没有错题本,我们很难看到自己的难点在哪里。

"以前没有习惯制作自己的错题集,我看别人的错题集就好了。"这种想法被证实是不合理的,因为别人的出错点不是你的。想象一个成绩中等的同学去看一个尖子生的错题集,那么看到的是什么?尖子生的错题会集中在一些难题上,这位同学直接去看这些难题,一方面速度慢,另一方面可能看完之后还是无法掌握,因为他在基础知识的掌握上存在漏洞,因此尖子生的错题集并不适合这位同学。反过来,如果该同学去看一本来自成绩略差同学的错题集,发现里面很多题目早就会了,慢慢就会觉得这错题集没什么用,无形中又浪费了不少宝贵的时间。

【暖心暖语】

进入高三,找到自己的难题,攻克,完成逆袭!

欲速亦可达，步骤是重点

高三复习是一个连续的过程，要想提升成绩，稳扎稳打才是重点。高三这一年拼的就是毅力。

很多同学在第一轮复习过程中会有一种感觉：题目太简单！但试想：为什么这个时候老师还要让你们做这些简单的练习？真的是在浪费时间吗？其实简单的题目只是一个铺垫，如果对这些题目进行加工，稍加修改下你是否还能马上找到解题思路？所以，这些题目看似简单，背后蕴含的知识体系却并不简单。

第一轮复习时我们一定不要操之过急，要对每一个知识点、每一个原理、每一条要点进行揣摩，保证自己真正掌握。

高三复习过程中我们要有自己的步骤，每一轮都要有明确的任务，所以，如果没有完成前一轮的任务会直接影响下一轮复习的效果，要想最后高考时能在原有基础上实现突破，前面的每一环都不能出问题。

以英语复习为例，如何做好高考复习？

◎ 定一个明确的目标：英语满分150分，现在110分上下，高考争取达到130分以上。

◎ 认清自己：按照答题效果来看，失分对比：阅读理解＞完形填空＞作文。

◎ 制订有效的计划：每天练习阅读和完型，每周一篇作文，其余时间多练习语法。

◎ 三轮复习各有侧重：一轮语法，二轮专项，三轮综合。

阅读理解和完形填空可以通过计时训练来提高，我们在校对答案时要总结自己的知识漏洞和理解误区。作文一周安排一练的原因是要积累，好的英语作文需要有良好的语感帮助我们去构思，所以，积累好的句式、词汇是写作的前提。

【暖心暖语】

通过这样一步一个脚印地去复习，进入综合复习阶段后提分会非常明显。

卸下包袱，训练做题正确率

兼顾做题速度和准确率有多难？从一些统计数据中来看，在考场，我们有很多题目是由于时间不够来不及做甚至来不及看题而丢分的。当我们发现时间不够时，整个人会更加紧张，会直接影响做题时的判断和思路。用数据来举例说明：考生因为时间不够导致整个高考四门科目成绩丢分平均会在 30 分左右。如果加上这 30 分，很多人的求学命运可能就直接改变了。

从学科角度来分析：考试时间不够对于英语和语文的主要影响体现在最后的作文上；数学、物理等学科，则会影响一系列推导思路，可能会在试卷上出现很多低级错误。

为什么会出现时间不够？总的来说有以下四个方面。

◎ 基础知识不扎实。

遇到不熟悉的知识，需要努力回忆；计算能力不足，需要不断核算等。

◎ 题目类型不熟悉。

对题目类型生疏，读题速度慢，接收信息能力不足。

◎ 考场习惯不好。

比如，眼前一道题卡住了，就执着地一定要解出来，或者一道主观题考虑不好就一直犹豫，由此耽误了很多时间；写字速度慢，浪费了大量的时间；考试过程中面对不同选项纠结不已，尤其是选择题，不知道两个答案中应该选哪个，就会一直纠结在那里，不知不觉时间就过去了。

◎ 性格马虎、急躁。

一遇到不会做的题时就会急躁，导致无法静下心来读题，正常读一遍就能领会到题意，现在需要读三遍才能真正知道题目在讲些什么。

高三复习时我们要知道训练方法，也要了解自己的毛病是什么，然后有针对性地去克服这些毛病。

做题训练是最直接的方法，平时训练时只要是我们必做的题，就要重视速度和正确性。最初的时候可以从题型分类上来训练，先是选择题，接着是填空题，最后是解答题，保持和正式考试中做题的顺序一致。我们针对每一类题型的训练都是从简单题开始逐渐增加难度，让自己能适应这种难易程度的变化，因为高考试卷命题基本也是从简单题开始，难题基本都在后面。

做题训练时我们要计算好时间，开始时可以放宽时间长度，然后逐渐缩短时间，让自己形成考试时间意识。

做题训练时我们还要重视自己的做题习惯，遇到卡住的题目可以先放一放，因为时间意识会提醒你"只剩下几分钟了，先做下面的"。当我们决定把它放一边先做后面的题时就不要纠结这一题了，要把注意力放到后面，高效做好后面的题才可能有时间回过头来再看。

能力训练是针对平时写字速度慢、读题速度慢、计算速度慢等的同学，这些问题的出现往往是长期养成的习惯，都有其一定的原因。要先弄清楚自己写字慢的原因然后逐步加快；读题速度慢可能是注意力不够集中，抑或是不熟悉题目，所以要重视平时题型的积累；计算速度慢是逻辑推导能力欠缺导致的，这就要求平时加强计算训练，适当的"题海战术"极有必要。

我们还要重视性格上的问题，不要对考试抱持一种无所谓的态度，在高考上任何一点都是有所谓的。从小事做起是解决性格问题最重要的方法。粗心的同学可以学会打草稿，把解题的思路认真写在草稿纸上，按照思路一步一步完成，如果容易把草稿纸写乱，有一个很好的方法，就是把草稿纸叠上"豆腐块"，每一块做一道题，这样就不会把草稿弄乱；解题时容易出现急躁情绪的同学在每一次"冲动"前先深吸一口气，再吐出一口气，努力做到静下心来好好思考。

【暖心暖语】

有针对性地进行训练，会让你不知不觉进入到优等生的行列！

第八章

应试秒杀,和命题人博弈

高考是一场考生和出题者的博弈。前文中一直强调，我们作为考生要了解出题者的思路。其实，出题者用各种文字提示给了我们解题的暗示，只要找到出题者给出的这些信息点，我们和出题者就不是"对手"，而是"队友"，出题者会帮你搭好进入理想大学的成绩阶梯。

考试大纲，你会看吗

教育部考试中心每年都会颁布当年高考的"考试大纲"，里面会详细说明"考试的性质""考试目标和要求""考试范围"，命题要严格遵守大纲以及大纲说明的要求。

有同学会认为："这应该是命题老师要研究的内容，不是我们学生的。"其实不然，作为考生，我们一定要对高考命题的规则、要求以及范围心知肚明，因为知道了要考什么，才能知道要学什么。在考试大纲中还会说明考试的形式和试卷的结构，这就是前面我们提到的对高考试卷的题型分布要有一个全面详细的了解。

学科老师也会研读"考试大纲",从而为学生们制订高三复习的计划。我们在高三复习前也要好好研究这份大纲,以此为准来制订复习计划。

"考试大纲"(以下简称"大纲")的研读是有一定难度的,如果有需要可以请老师进行讲解,最好是自己先好好看几遍,标出有疑问的地方,再请老师帮助着重分析。

高考考什么?

"大纲"中会详细说明高考考点,最好的办法就是把这些考点都背下来,深入理解各个学科的考核要求。

"大纲"中的知识体系也有重点,所以要从大量的考点中归纳出最重要的内容,作为自己复习的重点。

在"大纲"中会明确说明"必考点""易考点"等,那么我们就能看到高考科目中哪些知识必须要掌握,哪些知识需要掌握,而哪些知识是不考的。

高考怎么考?

准确记忆知识点,同时研究题型案例,了解高考的命题趋势和解题思路,有多种解题思路的题型要对比并总结出最佳的一种。

典型例题可以给出考试命题的方向,要明确这道题背后的知识体系、内容要求、能力体现以及相关的学科思想方法。

【暖心暖语】

"大纲"是我们制订复习计划的指导性文件,尤其是在知识梳理上,可以帮助我们很明确地圈定知识范围,这样可以节省很多时间。用好"大纲",把握高考方向。

比命题者多走一步

所谓"知己知彼,百战不殆",我们要好好认识下命题人。

命题人大多是工作在教学一线且经验丰富的老师,他们会紧扣"考试大纲"和"考试说明",原则上他们不会出怪题、偏题,而且不回避"必考点",但是会在命题方法、角度、题型等方面下功夫、换花样。命题人会有意识地选择大多数同学感到有难度的知识点,来抓住多数同学在某知识点上的不足出题,这些题就是所谓的难题,命题人的目的就是为了帮助大学选拔更优秀的同学。

命题人在命题时会注重和大学知识的衔接,会突出考核考生的创新能力和全面综合能力,所以我们发现高考真题总会比一般的模拟测试题更有综合性,因为即使是一个简单的知识点考核,背后还有对能力的考核。

有的考生模拟考试时成绩不错;但真正在高考时水平却有所下降,对于高考题总感觉"不适应""有点歪"。主要原因是两者在命题过程中思路有差异,模拟考试主要是测试学生,而高考主要是选拔学生。当然，同学们也不用过于担心高考的题目会陌生，最终确定的题目肯定是在我们能理解的范畴内的。

如何去适应选拔型的命题思路呢？最佳的途径：做高考真题，尤其是本省的高考真题！

高考的每一道题都是多位出题老师的集体智慧结晶，可能需要多天的商量、论证、反复试验、检查，直到最后全体意见统一，没有分歧才会出现在我们的试卷上。而我们只有几分钟的时间解答，所以我们要准备得足够充分才能应对。

高三复习时我们不仅要掌握每一道题的解题思路和方法，更要再往前迈一步。要了解每一道题目的出题意图，想想是否可以通过修改而变成另一道题，了解这一类型题的考核目的和知识内容，这样即使题型千变万化，我们也知道"万变不离其宗"。

【暖心暖语】

平时做题训练多想一步，参透命题规则，找到解题技巧。

熟悉阅卷规则，拿分快捷有效

每年高考完，都会有同学懊恼："明明会做，结果也算对了，为什么没有得满分？"那是因为你没有清楚了解阅卷老师的阅卷规则！高考阅卷工作由于时间紧、任务重——不少题目平均阅卷时间只有数秒或数十秒。由此，迫使阅卷人员不得不去寻找一种标准简易、阅题速度较快、阅卷相对公平的方式进行评阅。坚持"一把尺子量到底"，这是阅卷工作的根本原则。

（1）阅一道题有时只用10秒钟。据近几年参加高考阅卷的老师透露，高考阅卷速度要求非常快，很多时候，改一道题平均只用几秒或几十秒时间，一个老师一天平均要改数百份甚至数千份卷子（只改其中一题）。比如，据说一份作文卷，五六十秒改完算是慢的，有的老师只用30秒就能改完，一个老师平均一天能改三四百份作文卷；再比如，有些计算题，十来秒就改完，有的老师一天能改2000多份卷子；还有些文科卷子，平均每位老师一天要评3000多份卷子（平均七八秒改一份卷）。

面对如此快的阅卷速度，考生在答卷时就要有技巧，要尽可能博得老师的好感。首先，卷面要整洁，字迹要工整，层次要清楚。其次，概念要准确、叙述要简明，让人一看就明白。另外，考生一定要依题作答，不要乱涂乱画。考生万一答错只需要在错误答案上划条斜线即可，并在指定位置写上正确答案。

（2）看重第一印象。由于阅卷老师没有过多的时间，他们阅卷就会凭借第一印象，第一印象好就给打高分。当然这种说法有些片面，不过卷面干净、整齐确实能帮你提分！

虽然不是每位阅卷老师都会对更整洁的试卷多份耐心，但给老师一个好印象肯定是很重要的，特别是作文，一个漂亮的开头可能就奠定了高分的基础。因此，考生把作文的开头写得别出心裁、个性鲜明、出彩，也是作文拿高分的策略之一。

（3）不约而同地往平均分上靠。高考阅卷电脑会将每份卷子同时发给两位老师，如果两人的评分误差在规定范围内，评阅完的这份卷子就是有效卷。而每位老师所改的卷子中有多少是有效卷，电脑会即时体现。因此，在阅卷过程中，不少老师为求稳，不由自主地会往某个分数段上打。如果发现自己的有效率低了，就会慢慢往平均分上靠。

那么，考生通过什么让阅卷老师眼前一亮，打分突破平均分，往高分上打呢？很多老师的建议是：在主观题上多努力，特别是作文要重视，在构思上要尽量地与众不同，有创意，这样才能吸引阅卷老师的眼球，才能得高分。

（4）抓评分点成为阅卷关键。高考时，每小题的答案都会依题意设置若干个评分点，因此，阅卷过程中，许多老师往往把重点放在对评分点的寻找上，实际上就是对某几个关键词进行扫描。

答题时不论答多答少，考生首先要把答案的关键部分、关键词写出来，其次才考虑其他内容。这样，不论你怎么答都不用担心失分。

高考学科里很多题目的解答都是按照得分点给分，建议考生在答题时最好是分点作答，层次清晰地表明各点内容，不要整体、大段地回答。

（5）阅卷往往只盯住答对部分。由于阅卷人员的注意力集中在关键词上，所以往往只注意答对部分，对答偏、答错部分常常无暇顾及。"答对得分，答错不失分"的现象非常普遍。

解答题给分原则是"踩点给分"。题目再难，每个题目中的条件总是可以推导出结论；实在没有思路时，写出题中应该用到的公式，也可能覆盖得分点。

尤其是数学和物理考试中，很多大题是按照步骤给分，而且大题的前一两个问题都比较容易，所以建议考生根据分值尽量多回答一个要点。因为给分原则是"不写不得分，多写不扣分"，三个得分点的题目最好能回答四点，这样可以避免出现"踩分点"不全的情况。

（6）老师都喜欢条理分明的答案。阅卷老师每天要改数百份甚至数千份的卷子，光是翻看页面，点击鼠标都已经十分辛苦，因此，在繁重枯燥的阅卷过程中，突然看到一份条理分明、字迹清晰的试卷无疑给阅卷人员平添一份好感，都会尽量给分。

所以考生答卷时，一定要注意条理分明，字迹清晰，让人一目了然。

（7）重用语规范、轻个性感悟。用语规范是高考试卷标准答案权威性、公正性的具体体现，在各省市制定的评分细则中，对标准答案里关键词的近义词替换有明确的要求，符合就得分，不符合则失分，毫不含糊。因此，那些个人感悟能力较强而用语欠规范的考生失分几乎成了必然。

【暖心暖语】

虽然高考出题人很会从不同层面设计考点，但熟悉选拔思路后会发现，出题方式很难脱离这些规则。

等待发卷时应该做些什么

寒窗苦读十年,终于迎来高考日,我们想想都会有一些小激动,但这时候过于激动是要不得的。

高考当天,同学们需要提前15分钟进入考场,由专人检查,根据编号找到座位,这时候会有一段空白的时间。如何利用这个时间段呢?

我们需要让自己明确一个事情:高考和以前的考试环境没什么差别。我们可以熟悉一下教室周边的环境以及一起考试的伙伴,让自己适应当下的考试状态,当和其他同学对视时送上一个微笑,会让考试的心情放松不少。

在高考这个重要的考试中,我们会对一些细节比较敏感,所以这时候可以给自己一些积极的暗示,让自己更加放松。

◎ 座位靠窗:考试时光线明亮,通风透气,能够令自己保持清醒的头脑。

◎ 座位居中:众星捧月,独树一帜,具有安全感。

◎ 座位靠后:对考场环境一览无余,压轴。

◎ 座位靠前:好学生都是想坐在前面的,可以不受干扰。

其实无论坐在考场哪个位置,只要我们能顺利进入到考试的状态就行。如果真的遇到一些问题,比如桌椅晃动厉害影响写字、光线太强烈导致睁不开眼睛等,我们要及时向监考老师提出来,保证考试时不受外界因素影响。我们还应把自己的证件拿出来放在桌角，方便监考老师的查验。把该考试会用到的文具都准备好，放在一边，方便自己能及时使用。

排除外界因素之后，我们就要调整自己的心态，进入考试状态。作为一名考生，正常发挥自己的水平就是好表现，如果还有些压抑或者紧张，那就做做"心灵体操"，先缓缓吸气，想象着吸进的空气经鼻腔，一直到小腹，在吸气的同时，小腹慢慢鼓起，鼓到最大限度略做停顿，然后小腹回收，想象着小腹内的空气再经腹腔、胸腔、口腔，最后慢慢地、均匀地从口中呼出。呼气的同时，心中默念次数"1…"；第二次仍重复上述过程，与此同时心中默念"2…"。如此反复做10次左右，时间约为1分钟，情绪就会逐渐平静下来。

【暖心暖语】

利用好试卷发下来前的几分钟，能让我们进入考试状态，心态平和地答题。

拿到试卷 5 分钟内莫着急

高考时，一般试卷会提前发下来，但规定考生在答题铃响起之前不能答题，监考老师会要求考生先写好姓名、准考证和考试号等信息。我们要做的就是按照监考老师的要求做好这些工作。这时候有问题一定要及时提出，不要在这种细节上出纰漏。

最重要的一点：姓名和准考证号一定要书写正确，可以多检查几遍，保证万无一失。

接下来不要急着开始做题，我们应该先对整套试卷进行整体检查，保证试卷没有多页、缺页，再看答卷上是否有问题，如果有问题立即提出。如果有特殊情况，一定要听好监考老师的要求和说明，比如宣读更正错误试题等。这些工作都是为了保证考试时间的连续，避免出现考试时间上的不必要损失。然后将试卷大体浏览一遍，对试题要有一个整体把握，比如各类题型的分布、试卷的组成部分、题量如何，以此来预估自己答题的时间分布，要做到心中有数。

从往年的高考情况来看，每一年较前一年的高考都会有新的题型出现，所以我们要做好心理准备，看到新的题型也不要担心，考核的知识点肯定是平时学过的。

浏览试卷题目时还可以判断试题的难易分布，以便做好时间规划，这样保证了正式开始答题后不会出现时间分配不当、忙中出错、顾此失彼的现象。如果舍不得花这点时间思考，一开始就投入到题目思考中反而不利于整场发挥。

当以上任务都完成后若还有时间，那么我们就可以结合前面试卷整体分析的结论，找一两道比较容易甚至一看就知道答案的题目。看看这些对我们来说非常容易的题目，紧张情绪自然就会消减，考试的自信心也就树立起来了。

不建议同学们在考试正式开始之前利用这一点点的时间去想难

题，这会导致越看越紧张，越看越没信心，甚至会直接影响考试开始后的答题状态。这点时间也不会帮助我们多拿分，所以得不偿失，还不如利用那些简单的题给自己做一些积极的心理暗示。

【暖心暖语】

拿到试卷后最重要的是心态，要确保整场考试的正常发挥。

脑袋突然空白，请冷静

高考时，我们容易遇到一种"舌尖现象"。这是大脑出现突然迟钝的生理反应，即发生了短暂的遗忘，考试时的情况就是明明很简单的题目，一时想不起来怎么做了。平时考试时也有这种现象，有的同学一出考场一拍脑门，"啊！那道题应该是这样做的！我原来会的！"

如果高考过程中遇到"舌尖现象"，我们可以先闭上眼睛做几下深呼吸，然后通过强烈的心理暗示来有效抑制紧张情绪，暗示语言要具体、简短和肯定，比如：

"就是今天了，做好一切准备了，加油！"

"一直期待的考试，终于可以用来证明我自己了！"

"我现在状态很好，一定可以考出好成绩的！"

"我没问题的，复习很全面，有能力完成这些题。"

"这道题我不会大家就都不会，我先做别的，把该拿的分数都拿了再说。"

如果还是不能平复情绪,那么我们可以先把这道题放一边,去看后面的题目,等到自己慢慢进入考试的状态,找到平时面对考试的熟悉感,紧张情绪也会渐渐消除,然后再回过头来做这道题,需要的知识、解题思路也会自然出现。

临场考试时重在应变,不要遇到大脑空白就开始焦躁不安,这样反而解决不了问题。我们要学会先让自己冷静下来,看看身边的环境,想想过去一年的考试,其实高考和之前的历次考试没什么区别,同样在教室里,同样身边有一群同龄人,同样有监考老师,同样在有限的时间里要完成一张试卷的解答,我们已经"身经百战",还有什么可怕呢?

【暖心暖语】

冷静,冷静,再冷静,然后做题就可以了!

审题是关键,卷上的每个字都是线索

高考审题非常重要,如果你在平时练就了一双火眼金睛,那么在做题时会非常敏锐,看到某些关键词基本就能知道这道题考核的是什么知识点、设置的"陷阱"在哪里以及解题思路如何。平时练习的时候要做好充分的训练,保证自己能对题型有一个全面理解。

试卷上的每一题、每一字都是解题的线索,对一些学科来说,标点符号也是非常重要的。我们审题不能只是略读，而是需要细致地读，但这又会影响解题速度，所以平时在兼顾审题质量和解题速度方面的训练是必要的。

在看到一道试题时，我们要先将题设阅读一遍，如果第一次读完之后没有思路或者觉得条件不足，继续仔细读第二遍。

在全面审题之后要形成一套符合自己习惯的解题步骤，要有观察、分解、书写等策略。具体表述如下：

◎ 弄清楚问题需要解答什么，涉及课本中的哪些知识点；
◎ 检索已知条件，包括文字、公式、图形、提示等有哪些；
◎ 分析各个条件之间的关系、各自的特点，找到建立联系的线索；
◎ 找到隐藏的条件或者容易忽视的细节，计算推导和解答；
◎ 回顾和检验。

在审题过程中，我们要特别关注自己较难把握题型的解题技巧，因为题型不同往往思考的方法以及解题的技巧也不同。这里以作文的审题为例，提供一些方法，帮助大家能很好地完成这道大题。

一般作文题目都是给出一些材料或者给定一个命题方向，我们需要做的就是吃透这些材料，紧扣题目中的主体，选择自己可以发挥的角度，确定有新意和深意的观点。具体有以下几个方法供参考。

（1）主旨领悟法。作文最怕的就是两个字：跑题。所以审题立意是最重要的，我们不能一看到材料中感兴趣的点就自我发挥，然后洋洋洒洒写了一大堆，最终自己是写得痛快了，却没有真正切中题目中的关注点。审题时更不能把自己的主观想法嫁接到材料上去，而是要挖掘题目本身隐含的深意。

（2）由果溯因法。因果关系是事物发展中存在的关系，那么审作文题目时我们也要将事件和其背后的本因联系起来，由果溯因，找到切入点，就能发现最佳的立意。

（3）寓意揭示法。利用漫画、寓言等来给作文命题已经成了高考作文题中常用的手段。我们在面对这些形式的命题时一定要知道透过表象看本质，要由物及人、由物及事，挖掘真正的内涵从而确定论点。

（4）关键把握法。关键词句往往就是"文眼"，蕴含着材料的主旨。找到关键词句就能很好地确定主题。同时我们要注重细节，有时候命题者会给出一些提示，比如命题者会给出一些评论性的语句，那极有可能就是关键句。

（5）倾向揣摩法。有一些作文题目需要让考生给出一个观点，那么我们就要从题目中确定倾向性，不要根据自己的经验就直接作判断。一些结论的来源都要基于材料本身，所以我们要好好研读题目中的语句，知道它的观点，从而以此观点来确定相应的支持内容。

坚持一个原则：答案来自题目，每个字都可能是线索。虽然命题者比较"狡猾"，会找一些"陷阱"来考验我们。但命题者也会给我们埋下很多隐藏的提示，如果我们能顺利找到这些隐含的信息，就能比较轻松地解答这些题目了。

【暖心暖语】

当找不到解题思路时先不要着急,要重新审题,思考相关的题型和知识点,然后找到相似的解题方法,若还是没有思路可以暂时先放一放,留下还没有做完的记号。

读题提笔,划重点节省时间

我们要养成一个"动笔"的好习惯,首先不用担心在高考试卷上圈圈画画会被扣分,因为最终这份试卷会和草稿纸一起被回收,只要不在答题卡上做标记就行。

高考的考试时间是非常有限的,审题时提高效率就能节省不少时间。在第一遍读题时把一些关键点标出来,就会加快做题的速度。在最后检查的时候也能很快找到这个答案的来源。

读题过程中标出重点内容非常关键。这里的重点内容具体指的是:题目中关键的信息(时间、地点、人物等),题目中隐含或者设"陷阱"的信息,题目的设问形式和条件等。不同题目可能会有不一样的重点。这种对于重点的识别能力是在我们平时练习时训练出来的。高三的一年里,我们做题一定要重视这方面的能力锻炼,而且适用于所有学科。

以语文中的文言文为例,阅读这样难度的题目,需要做好几步。

◎ 整体略读,了解整体文章的脉络和故事情节,确定里面的人物、时间等要素,大概讲了什么故事。

◎ 重点语句进行标注,为第一次读题做好充分准备。

◎ 看题找内容,根据问题对文中的内容进行圈定,主要是找到原文出处。

◎ 细节分析,通过解读字句以及理解文章将问题回答完整。

从以上的例子中可以看到,"动笔"审题能提速,还能找准答案,更能让我们迅速进入到考试的状态中。

【暖心暖语】

动笔画出题设关键,让每一次看题都有价值。

答题有流程,个人需自定

科学的答题流程能避免我们在考试中出现一些意外,认真执行答题流程能让我们有一个不错的考试表现。何为答题流程?这里强调了两个方面,一方面是整套试卷答题的顺序,另一方面是一道题的答题顺序。何为科学?就是考生能最快、最好地完成试卷。但是每位同学的习惯和优势不同,这就需要确定适合自己的答题流程。这里以我高考时的答题流程为例进行具体说明。

(1)语文。不先看作文。我在平时练习的时候尝试过先看作文再解题,但发现自己在解题过程中会一直对作文题"念念不忘",甚至还会想自己该写些什么,这样直接干扰了前面的解题思路。

语文试卷模块化是比较明确的，我们可以结合自己平时的情况来答题。我根据自己的情况，先看文学知识记忆和古诗词默写部分，把这部分先默写出来了，可以防止到了后面可能会一时想不起来。接着做的是文言文和现代文鉴赏部分：文言文鉴赏方面解题时可以应用一些答题技巧，能在答题时更顺利，基本能拿到90%的分数；现代文鉴赏主要是为了获取信息。接下来就是从头开始按顺序做题，这个模式会让我的答题过程整体非常顺利。

最后的作文题争取留出至少50分钟的时间，其中10~15分钟是构思和打草稿的，剩下的时间用来具体写作。

（2）数学。先看前面简单的题目。这是一种考场心理的适应过程，题目由易到难，不会有情绪上波动；如果先看大题、难题，反而会让自己变得紧张，影响正常判断。

开考后按顺序做题。以我个人的认知，数学试卷中命题的顺序就是按照从易到难的过程安排的，所以符合我的做题习惯。中间部分要保证会做的题目都做对，如果遇到不会的或者不确定的需做上标记。

做到最后三道大题时可以统一浏览一遍题目，了解题型设置和小问题的编排，先把最简单的问题解答完，把该拿的分数拿到。再回过头去看有疑问或者未解答的题目。

（3）英语。英语考试也是具显著模块化特征的。在前几分钟只看听力，要尽可能地多看听力题干，把重点的词句标出来，对一些题目也可以先行预判。做完听力按照顺序答题即可。

（4）综合。对于参加综合考试的同学来说，顺序非常重要，因为不同的同学针对这三门学科的学习程度不用，所以不同的顺序会有不同的感受。

以理综生的我为例，物理是我比较喜欢也学得比较好的学科，生物次之，化学最后。那么我就会按照"物理—生物—化学"的顺序展开，先把会的题目全部做完，然后再攻克难题。文科综合也是一样，关键要找到最适合自己的做题模式。

除了各个学科要有各自适用的答题顺序，我们在做每一道题时也要有步骤。因为很多题目的步骤得分点非常明显。比如数学、物理，一定要写清楚步骤，最好是写出一个结果，因为阅卷老师看到有结果（即使结果不对）就会认真看解题步骤。政治、历史，一定要写清楚自己想要表达的观点，一般评分标准都是按点给分。

【暖心暖语】

所有学科的考试，最后都应至少留出 2 分钟时间来进行全面的检查，这里不是指对题目的检查，而是看看自己的姓名以及准考证号有没有写对、答案有没有涂对、是否还有题目遗漏没有做、要求作图的题目是不是忘记作图等，要有一个完整的结尾。

有"题感"的"秒杀"提速

答题感觉,即"题感"是我们从平时做题中训练出来的"秒杀技能"。

我认为做题就如同和人相处,我们每天都在想题、做题,时间一长我们会对一些题目自然而然地产生亲切感,然后解题时第一时间就会有解题思路,有些题目比如选择题、填空题直接就能写出答案。

"题感"和语感相似。比如,读完同一段文字,有的同学还不知道如何回答问题,有的同学就已经找到了问题的答案。有时候这种感觉只能意会不能言传,这就是为什么语文、英语老师一直要求我们多阅读,因为这种"题感"都是在大量阅读之后才会产生的。

高三这个阶段就是集中培养"题感"的阶段,所以我们做题和想题是必要的。

一位高考文科状元曾提到自己学习数学的经历,从高一的 110 分上下到高考时的 142 分,做题过程中他找到了"题感"。高二、高三兼顾其他学科的同时,他每天坚持花上 1 小时以上的时间学习数学,保证一定的做题量,在有限的时间里以最高的效率和准确率去答题。做题最怕的就是对考题产生距离感和陌生感,他就是在做题过程中不断提高对题的熟悉感,进而提高成绩的。

要培养"题感"就离不开做题。我不提倡"题海"战术,是指不要将类似的题目翻来覆去地做。我们要做的工作是找到题目的共同点,同时又能对比出题目的不同点,然后找到解题方法。所以要培养"题感"不是单纯地做题,我们要做到对题进行分析,熟能生巧。

学会总结,会有助于我们培养"题感",保证一定做题量的同时我们需要做好总结,触类旁通。做完题之后要注意及时总结,一类题目可以扩展到多类题目,加深自己对知识的掌握和方法的运用,这都是培养"题感"的重要手段。

【暖心暖语】

高三阶段,一定要重视做题的质量和数量,尤其是理科,如数学、物理等,重视做题,相信娴熟的"题感"能成为高考取胜的法宝。

快速排除,提高做题速度

排除法是高考必须掌握的一种方法,尤其是在选择题中运用得非常广泛。一般选择题中四个选项会有一两个错误选项一眼就能看出来,我们就可以直接用笔将错误选项划去,这样就降低了出现错误的概率。有的题目的设置甚至直接就能排除三个错误选项,最终答案也就出来了。

每一套试卷中都有选择题,这里以英语阅读为例讲述如何排除干扰项。

◎ 利用上下文线索排除干扰项。

在解题的过程中要在出现这个问题的位置前后找答案,通过上下文的关系，就能排除一些选项。尤其是在其他段落里出现的信息，往往不是正确答案。

◎ 利用语段标志排除干扰项。

在解题中有些英语单词是有意图或者有情感体现的，所以可以从这些标志性的词句中了解这个文段的倾向性，直接就可以把相反意图的选项排除。

◎ 利用首句信息排除干扰项。

第一句话往往是给出了这段话的主要内容，其中一些关键词都可能是答案的来源，有时候题设就是考核考生对于总起句或者总结句的查找和理解能力。

◎ 利用同比排除法排除干扰项。

如果答题选项中出现了两个意思相同或者近似的选项，那么这两个都是不对的选项，都应该排除，因为不可能出现有两个正确答案的题目。

◎ 利用文化背景和生活常识排除干扰项。

从常识上来看文化和生活上的一些信息就能很快找到一些问题。我们一直在强调：学习英语一定要了解语言的文化背景，这样不会被固定思维限制。

当然，其实只要我们确定了正确答案，就不用再去考虑其他答案了，如果我们遇到无法直接给出正确答案时就可以利用排除法去掉干扰项。

【暖心暖语】

面对肯定不是答案的选项，用笔坚定地划去！

回归材料，"原话"重现更标准

根据前面提到的"所有答案都来自题设"的原则，我们在解题的时候要懂得从原文中提取答案。

有些同学做题过程是这样的：阅读材料，对整个内容有了一个基本的认识；开始做题，看到题目就凭借第一次阅读印象直接写答案；做完之后也是稀里糊涂的，因为没有真凭实据，所以在考完试之后心里没底。每次考完试都是听天由命，祈祷最后有一个好的分数，但往往奇迹不是这么容易发生的。

这种习惯肯定有问题，在高考这种竞争激烈的关键考试中不能用。我们做题要有据可依，每一个答案都是要有推理过程和原文作为支撑的。

我们要改变这种现象，最重要的是回归到原文。第一次阅读之后会对整个材料有一定认识，但此时尚不宜立即答题。看到问题有针对性地再回到原文中去分析答案才是解题的过程。要想做对题，要想拿更多的分数，就要做到能够找到原文出处，如果原文就有答案就可以直接用原话，如果要求概括就对原话进行缩句处理。

语文考试中有一个题型是文言文翻译，很多同学在做这种题型时会根据自己的理解去翻译原文。这种方法往往只能拿到部分分数，甚至是较低的得分，不能得满分。文言文翻译最好的方式是直译而不是意译，在直译无法进行时才选择意译。有时候直译看起来会比较生硬，可以通过一些连接词来调整，但针对一些关键实、虚词的翻译是必须写出来的，这就是翻译的得分点。所以我们要遵照"原话"，做题也要尊重原文。

【暖心暖语】

真正优秀的学生对于自己的每一次考试，在走出考场那一刻就能基本确定分数，因为他相信自己会做的题目都能做对。

思维联想解题，提高解题正确率

高考中最重要的发挥是在考场上的几个小时，那么在那几个小时中让自己状态保持到最佳非常重要，如果死记硬背，大脑不够灵活，那么在考试中会有滞后感。我们需要充分利用好自己的想象力，让自己的大脑在考场上能迸发"灵感"，提高解题的正确率。

在高三复习阶段，我们需要重视记忆过程中的联想方法，这是非常重要的能力。我有过这样的经历，在记忆某个知识点的时候发生了一件特殊的事情，或者想到了相关的有趣的事情，那么这个知识点就会令我印象深刻。这就是联想带来的效应。

考试过程中回顾知识点，或者构思作文都是需要有一定的联想能力的。常见的联想方法有以下几种，我们不需要全部掌握，但要了解，最好是合适的时候能及时用上。

（1）图像联想法（Visualization Association）。如果看到一个男孩子，刚好他的相貌有一点像影星汤姆·克鲁斯，我们会记得：他和汤姆·克鲁斯差不多，他的个子不高但蛮帅的，他笑的时候有酒窝，眉毛是浓浓的，笑的时候会露出牙齿，等等。用联想的方法来记这个人的样子，可以避免弄混。借由别人的某些特征，由此来巩固新的印象，这个就称为图像联想。

刚才我们已经学会图像联想，现在要练习的是将两个图像建立起联系（这是连锁记忆的基本动作），就是把两个图案设计成一个可以看到的图像联接。这个方法可以让我们回忆一个图案（两个图像的结合）时，自然会联接到下一个图案。例如看到一幅画，里面有一个老虎爬到石头上，这两个东西放在一起就成为一个联想，将来想到石头会很容易想到老虎。

（2）故事联想法（Story of the Association）。故事联想是最简单的联想，就像看电影一样，只要看过电影的剧情，就能回忆电影的细节。的确，电影的情节应该比书本的知识容易记，除了电影有声、光、画面外（听觉记忆＋视觉记忆），丰富的故事更是快速记忆的关键。

（3）声音联想法（Sound Association）。除了声音本身的特质，如音色、音质、音量可被当做联想的线索外（例如人的声音低沉，我们可能会联想这人很沉稳；尖利的声音可能联想到紧急、恐惧等情景），谐音或译音也可以成为声音联想的素材。例如"谐音"，一位老师的名字叫"何景峰",如果倒过来讲就变成"峰景何"(风景河),就像一条有漂亮风景的河。

(4)流程联想法(Pattern Association)。流程就是一个基础、一个过程。我们日常生活都有流程,比如起床、刷牙、吃早餐、上学上班等这一方面的流程。这种日常生活的固定模式让我们很容易从起床联想到刷牙,联想到吃早餐,联想到上学上班。所以,若是记忆的事物有流程可循,或是我们可以创造出类似流程的联想,就能产生牢不可破的记忆链,可以从头记到尾,自然也能从尾记到头。

(5)口诀联想法(Pithy Formula Association)。口诀是利用关键词、押韵、节奏、图像等联想的元素组成的口诀联想法,汉字的特色让口诀更能发扬光大。很多口诀是5个字或7个字。

(6)韵律联想法(Rhythm Association)。也叫节拍联想或是旋律联想(Melody Association),我们知道节奏感可以帮助我们记忆。有些人不赞成读书时听音乐,生怕这样读书会不专心,殊不知这些节奏、旋律有时还可以帮助记忆呢!另外,节拍也能起到提示的作用,除了唱歌外,有人想不起事情时会习惯性地弹指节或是用手指敲桌面,这些节拍可以帮助人们"唤醒"记忆。

(7)自然联想法(Natural Concept Association)。就是能自然而然联想到的事物。例如提到运动你就会想到什么,根据每个人背景的不同,有人会想到健康,有人会想到运动伤害,有些人会想到奖牌,等等。说到游戏有人会想到欢乐,有些人会想到同伴,有些人则会想到没做完的功课。看到一朵花,有人想到美丽,有人想到果实,有人则想到花开花谢。无论是正面的、负面的、中立的联想都是自然产生的。

【暖心暖语】

我们要尝试做一个"有故事"的人，也要学会观察生活、观察学习，这样才能有很多想象空间。

正反思维灵活变换，巧用反证法

从最直接的做题方式上来思考，我们一般都会根据正向思维去解题；但若我们在这种正向思维下寸步难行时，就应该让思维转个弯，换个方向。

数学是运用逆向思维最明显的一门课程，因为反证法是一种重要的数学证明方法，在不等式和立体几何的证明中常常遇到，也是我们在高考解题中需要掌握的方法。一般如果遇到直接证明的条件较少、关系不明确且问题又抽象的时候就可以考虑反证法，所谓"正难则反"的原则就是如此。

拐个弯解决问题。例如：在写英文时，如果想不出"直抒胸臆"要如何译成英文，就可以应用这个，"直抒胸臆"→"说话直接"，结果就能顺利写出句子了。像这样，只需改变角度，就能简单解决原本束手无策的问题。无法答出问题时，还可预先列举与问题有关的一切条件，再配合需要来确认问题，将这些条件以各种角度来进行检查，也许能找到解题的"钥匙"。

我们在其他学科的学习中也要培养这种思维方式,其实具体来说正反思维的灵活变换是一种辩证思维,我们考虑问题时不能只考虑一面,还应考虑问题的另一面。

我记得高中的时候看过一本文学杂志,每一期的第一篇文章都是关于成语的新解,特别有意思。它会把原来成语的词义颠覆掉,然后提出一种新解释,让读者看完之后觉得换个思路也挺有道理。比如"班门弄斧",原指在行家面前卖弄自己的才能从而受到鄙视和否定,原是贬义词。可文章就认为在现代应该鼓励"班门弄斧"者,第一,通过弄斧者自告奋勇和毛遂自荐,可以发现人才,让一些真正的"千里马"发挥才能,展现其真正的价值,而不是被埋没;第二,通过交流或者切磋,班门也能有更好的发展,而不是做井底之蛙,让自己的才能更上一层楼。

正反思维也是如此,不同的思维方式提醒我们,在认识事物的过程中要客观、全面、辩证。

语文议论文写作中反证法也是常用的方法,以下例来说明。提出的观点:尊严的价值,尊严是顶梁柱,是深树根,是大翅膀。

正面议论:尊严是一个人的计量,是无畏的气概,是每个人必备的操守……

反面议论:丧失尊严,精神是麻木的,是走向沉沦的先兆,是埋葬自己的墓志铭……

这样的正反论证比较简单,主要就是根据对比法来阐述观点,让自己的论点更加有理有据。如果要求写议论文，这种方法是非常好的考试应对策略。

政治科目中辩证思维也是被常提到的方法，当我们要回答一道题的时候一定要分析其多面性，然后将每一面都说明清楚，尽量不留下漏洞。

【暖心暖语】

灵活切换正反思维方式，能让我们的解题思路多一个维度。

记住特殊数值，选填"蒙题"答案

数学是一门有意思的学科，这门学科所包含的数字其实只有 0~9，它们和各种符号之间的组合却形成了数字的千变万化，从而有了数学这个学科，那么这些数字的特点如何呢？

我们对高考中会出现的一些特殊数值一定要记住，这样有助于提高解题速度。比如 0、1、2，这几个数是经常作为选择题或者填空题答案出现的，尤其是前面两个。2 的特点就在于它是最小的质数，有一定的特殊性；另外，9 也是一个特殊的数，有一些神奇的特征，比如求 333333×666666 乘积的各位数字之和是多少？求解的方法就是引入"9"，原式 $=333333 \times 666666 \times 3 \div 3 = 999999 \times 222222$，222222 小于 999999，那么乘积的各位数字之和就是 $9 \times 6 = 54$。

高考解题中更多运用的是特殊值法，即赋值。用特殊值来代替题中的一些条件，得到一些特殊结论，然后再作出判断。一般当题目中已知条件中含有某些不确定的量，题目结论中唯一或者题设条件中提供的信息暗示答案就是一个定值时，可以将变量取一些符合条件同时又比较容易计算和推导的特殊值，求出这个定值，这样会减少很多推理和论证的过程。

特殊值是一个广泛的定义，其实包含了特殊数值、特殊函数、特殊角、特殊数列等，只要能进行合理、科学的判断，就能达到快速解题的目的。

如果高一、高二学习时不太会运用这种方法，那么在高三复习阶段我们可以将平时解题时遇到的可用特殊值法的题目放在一起进行对比，找到相关的"题眼"，就能对比出何时能用何时不能用特殊值的规律，从而快速掌握这种解题方法。

【暖心暖语】

特殊值之所以特殊，是因为在考试中它们有很多妙用。

掌握解题"潜规则"，直通正确值

我一直强调任何考试都有属于自己的规则，高考也不例外，我们只要熟知相关规则就能很快找到答案，少走很多弯路。

平时做题时我们一般只会关注于试题本身和自己的成绩，而不会像一些专家那样去研究历年的高考试题；如果我们主动地进行高考题型分析，并总结相关的规律，那么我们对高考的认识就达到了较高的层次，解题的思路也会更开阔。以高考英语为例：

◎ Afraid 是一个非常简单的词，但是因为它本身运用广泛而受到命题者的青睐。纵观近些年的高考试题，这个词的出现频率很高。更令人震惊的是，考查 afraid 的用法时，无一例外将答案定格在了 I'm afraid not 这个短语的使用上。

◎ Ahead 这个词也是比较简单的，但这是一个热点词。和前面的 afraid 类似，这个词只要出现在考查点上，都是以 go ahead 的形式出现。

◎ 针对英语中倒装句的考查，有很多不同的形式，在平时复习的时候我们需要把这些句式都记住。从各省市的高考命题来看，出题人多选择"only+状语"置于句首时的倒装形式来考查考生。

◎ 英语的作文题，很难出现一模一样的题目，但是有些考题还是非常相似，这也是规则带来的结果。

如何去发现这些"潜规则"呢？会不会很难？

其实并不难，高三阶段在复习过程中有一个环节，就是找题目中的"潜规则"，即核对答案的过程，这是一个非常重要的学习环节。有的同学为了多做几道题，对答案的时候真的就是只核对最后的答案，比如选择题就看了 ABCD 的选项，无论对错都不看解析；解答题一看答案错了，只随便看一眼前面的过程就自认为会了，这些都是不利于复习的。这种模式的对答案无疑是浪费了对答案的时间，还浪费了做题的时间。

核对答案的过程最重要的是对试题进行分析和总结，比如选择题选项错了，就要看为什么会错，是哪个知识点没掌握，还是自己理解有误。好的解析不仅会将答案解释清楚，还会帮助我们联想到相关的知识点，这样我们在改错的同时也进行了相关知识点的复习。

更有效地核对答案是在以上这一步的基础上还要更进一步，那就是对题目进行对比分析，分析为什么在某一种的题型上总出错。当我们学会比较，就会发现老是犯同一个错误的主要原因就是我们没有发现命题的"潜规则"，一旦对同一类型题目的"潜规则"进行了解后，相同规则的题目我们就能轻松找到解题思路。

【暖心暖语】

熟能生巧，要找到题目中隐藏的规律，需要多加练习和总结来获得。

临场表现最关键，做到胸有成竹

高考应变能力很重要，我们在考前要做好充分的应对准备。

（1）遇到生题和超范围的题目。千万不要焦虑，更不能自乱阵脚。这时，要在心理上藐视之，在"战术"上重视之。你不妨冷静回顾一下课本知识，想一想该题应属于课本哪一章节，这一章节有哪些知识要点，该题属于哪一要点的范畴，这一要点内有哪些公式、定理可以运用，或者哪些分析阐述与之对应。题目生疏，往往是因为它与平时操练较熟的题目类型不一样，其实这种不一样有些仅仅是在原来的熟题上稍稍做了些变化，比如所画图形换了个角度、问题换了个问法。我们要以变应变，分析它与过去的哪个题目类似，又在哪个方向做了变化，具体问题具体对待，这样才会找到解决问题的突破口。

高考考题超范围的情况并不多见，有时所谓的超范围，只不过是稍稍涉及了"大纲"中标星号的内容，这些内容也是包含在高中教材中的。这就提醒我们，平时的训练不能有所缺漏。"大纲"中的星号只表明该知识点在今年的考试中轮空，并不意味着不需要掌握。有些只是不直接考名词术语，当然，如果确实遇到超出自己的能力范围的题目，有两种方法可以解决：努力回顾它与书本中的哪些知识有联系；从题干中找依据，很多题目的题干中都含有知识要点，答题时可依据这些提示，打开思路，以便顺利地解决问题。

考试也是检验人的心理素质的一种有效方式。生题和超范围的题目实在做不出，可先搁置一边，先做会做的题目，保证已做出题目的正确率，然后再考虑生题和超范围的题目。能写多少是多少，哪怕只列个提纲、写个算式也行，因为考试是按点给分的。如确实做不出，干脆就放弃。考试是攻坚战，拿下一个题目，就相当于占领一个阵地；要算一算得了多少分，不能老惦记着失去多少分。

（2）遇到熟题。有些同学一见熟题便心中大喜，提笔便写，结果粗心出错，或做几个步骤之后便做不下去了，原来，考题与记忆中的熟题是两回事。虽然发现了思路错误，但时间也已浪费。

其实，我们高考时遇见熟题的情况并不多见。因为高考是具有选拔功能的考试，每年的高考题都在变化。我们考试时绝不能被似曾相识的题目迷惑，还是应该按照审题、抓题干关键词、看清要求、找准解题依据、设计书写布局这样的规定步骤完成，做完后还要反复检查。

当然，如果我们真的遇见熟题，甚至与练习过的题目别无二致，那当然是好事，至少在高考考场这样的特殊氛围中，可以消除一些紧张的情绪。而聪明的考生会抓住这千载难逢的机会，严格按照解题顺序，认真、细致、严谨、规范地完成题目，不漏掉任何一个小问题，不跳过任何一个不该省略的过程，不在任何一个细节上有所疏忽，保证解答的正确率，将分数稳稳当当、一分不漏地纳入囊中。

考试时最忌心怀杂念，过多地考虑得失，这些都是在熟题上栽跟头的重要原因。为了避免这样的情况出现，请学会镇定、平和、从容地面对任何一场考试、任何一道题目。

（3）考试漏题。考试中遗漏小问题的情况很常见。漏题的原因可归为两类：从内容看，无论是难度系数高还是难度系数低的试卷，都有遗漏小问题的可能。试卷难度系数高，考生在整体感知试卷时发现有一两道难题，于是做试卷前半部分时，心里还一直惦记着后面的题目，计算着答题的时间。整个过程中，难题给自己留下的阴影挥之不去。在这样的心绪影响下，小问题的遗漏就在所难免。另外，试卷难度系数低时，小问题也有遗漏的可能。这是因为题目做得顺手时，思路会特别敏捷、畅达，一旦思维速度超过书写速度时，遗漏小问题的危险就会出现。当试题有一定的长度、一题多问时，遗漏最后一问的情况就会发生。

从形式看，印在一页的末尾和换页开头处的小问题容易被遗漏，题型转换处的题目也易被遗漏。如语文大阅读以主观题为主，有时在主观题后面，即大阅读的最后一道题会是一道客观题，且是多选题，这道选择题容易被急于去写作文的同学遗漏。

【暖心暖语】

要避免上述错误，首先要让自己有一个良好的考试心态。如果能将平时每一次练习都视作考试，每次考试又视作平时练习，就能从容应对考试中可能出现的各种情况。

不可忽视的卷面分

考卷上字迹的好坏可以产生分差，为什么在高考中强调考试用笔、强调书写上的规范？这是因为现在高考阅卷不是阅卷老师直接对着答题卡，而是要将它们扫描到电脑上去，如果答题卡上的字迹不清楚，就有可能会出现意外。

我们先要了解下高考阅卷的一些情况。答题卡上的选择题都是由电脑完成阅卷的，而主观题（填空题、解答题）都是由人工网上完成阅卷的。阅卷过程中存在争议的地方往往出现在主观题部分。

基本上每位阅卷老师一天就改一道大题。主观题每一题由两位老师独立批阅。如果两位老师的评分不超过允许的误差（一般是0

分或者 1 分），则按照得分的均值来计算最终得分；如果评分超过了允许误差，那么试卷再递交到第三位老师那里进行仲裁，作为最终结果。

阅卷老师的任务非常重，而且每天都是在电脑面前看题，难免会遇到疲劳或者注意力不集中的时候，加上时间紧迫，有时候在批卷时会直接对卷面不整洁的试卷失去耐心。对考生来说，考试过程中出现以下几种情况会造成严重的失分。

◎ 不使用规定的 2B 铅笔，电脑无法识别，就会被误判为"空选"。

◎ 不使用黑色签字笔，用其他笔书写，扫描的字迹不是看不了就是字迹非常浅，无法辨认的情况下也会出现误判或者不给分。

◎ 不使用规定铅笔作图，或是下笔很轻，扫描后也会看不清，也会出现误判或者不给分。

◎ 书写超出了答题区域，未扫描到电脑上，不给分。

◎ 题号填涂与作答不符，这样做该题只能得 0 分。

◎ 答案分块，答题内容分布不合理，造成漏判。

◎ 书写答案不分层次，一口气写一大段却毫无层次，难以找到得分点。

◎ 出现大片删除标记，有的直接一个大 × 画在那里，非常扎眼。

以上这些都是直接影响失分的因素；还有一些是间接的，比如字迹潦草，导致阅卷老师阅读吃力，增加了批卷的难度，导致老师对这份考卷有一个不好的印象，分数肯定不会太高。如果以简答题为主的学科，整篇试卷的用词晦涩难懂、字迹潦草，很难得到高分。

针对上述问题，我们在高三期间要做好全面准备。

在答题卡上作答时一定要头脑清楚，选定要答的题目对好题号，否则会白费工夫不得分。一般情况选择题可以涂五题校对一次，而解答题则每一题都要对一遍，要确保不在这种誊写细节上出问题。

高考时，每小题的答案都会依题意设置若干个评分点，只有按评分细则中规定的采分点答题才给分。因此，阅卷过程中，许多老师往往把重点放在对评分点的寻找，也就是对某几个关键词进行阅读扫描。由于评卷人员的注意力集中在关键词上，所以往往只注意答对部分，对于答偏、答错部分常常无暇顾及。"答对得分，答错不失分"的现象非常普遍，这也就是为什么有的老师会建议同学们在面对文科的问答性题目时要多写答案。

非选择题一般是2分一个要点，书写答案前我们要先确定要书写的要点数目，然后分布好答案的整体布局，先打好草稿。答题要做到条理分明，避免出现书写之后还要补充答案的现象。做大题时一定要做到分点书写，因为很多题目都是有自己的采分点的，如果具有一定的逻辑性，会给阅卷老师留下该考生思路清晰的好印象，便于得到高分。

在高三，书写差的同学一定要加强自己的书写练习，不要求有多漂亮，但要求每个字要书写得有力大方，最重要的是工整，同时要保证卷面的干净整洁。

高强度阅卷工作下，批卷老师最喜欢的试卷是怎样的呢？

◎ 书写工整，尽量写楷书，少连笔；

◎ 卷面整洁，字可以写得不漂亮，但一定要字迹清晰，保证老师能看清楚；

◎ 在规定的区域内答题，否则是做无用功；

◎ 字要写得稍大且重一些；

◎ 需要一大段文字时，写之前稍微要安排一下布局；

◎ 语言要简洁，切中要害；

◎ 表述是要根据分值思考要点，尽量细分，用分号或①②③④等符号清楚表述；

◎ 表述要规范，使用专业术语。

【暖心暖语】

只要在高三这一年好好练习如何写字，如何在试卷上写字，如何在高强度考试的试卷上写字，想要交出一份让人看了就想一直读下去的答卷是没有任何问题的！

考场上的高情商

高考是智商和情商的比拼，有人说：哪里有什么情商？情商就是考场上的临场应变，其中最重要的高情商表现就是学会放弃！

一位高考状元在总结学习经验时就说过这样一段话：

"一个人要想成功就必须要懂得取舍。高考必须学会取舍，遇到难题不要花太多的时间，一定要先把简单的题做完了再去完成难题。就拿我自己的亲身经历来说，这次高考，数学最后一个题的第二问我不会做，但是我并没有花太多的时间在这个题上，当时想的是：前面相对简单的题一定要不丢分。最后还剩了一些时间，我就把自己能够写出来的步骤写上去，所以最后一道题也得了一些分数。"

一位高考状元的基础知识肯定是扎实的，各方面技巧的运用也肯定很娴熟，但他在高考考场上遇到复杂问题时也会选择主动放弃，更何况其他人呢。我们在高考考场上务必做到冷静，遇到一些题要学会舍弃。

换个角度讲，我们要知道什么题是"自己的题"。一般高考试题会在最后一题或者倒数第二题加大难度，这是属于高考的拔高题，能做出来且拿下所有分数的学生不会超过5%；这些题的区分度是非常大的。这几道题的命题者，在设计题目时就没打算让大部分的学生拿到所有分数。我们要清楚自己的水平，看看这些题是不是为自己准备的，然后作出判断是否要花时间去做。我们可以自己问自己：

如果你是区重点学校的学生，想一想你是不是年级的前5%？

如果你就读普通学校，就想一想你是不是年级的前1%？

然后你要实事求是地去判断这些难题是不是为自己设置的，如果不是，那就要舍弃。有一点非常确定：舍弃未必就是失败。即使这些难题你觉得自己应该去攻克，也要在保证拿到该拿的分之后再去处理。

如果时间刚好合适,我们可以选择放弃最后难题,用这些时间去检查前面的题,以确保前面尽量避免出现失误;如果时间紧张,那最先选择放弃的就是这些难题。最糟的情况就是在最后 10 分钟还有多道题没有做,那么先做那些确定可以得分的题,如果这些题对你来说难易程度是一样的,那么就选择分值最大的考题,剩下的题目就直接放弃,千万不要把时间花在犹豫上。优柔寡断会让我们失去机会,当机立断才是智者所为。

【暖心暖语】

认清自己,考场上做好取舍!

发现错题,修改要三思后行

经历了多年考试,我找到一个规律:考试的时候不要轻易改答案。

我们很多人会留有一定的时间检查,但是检查也会出现问题。经常遇到这样的情况:一开始对一道题的答案有些不确定,等回来检查时重新思考发现可能是另一种答案,于是改了答案,心中还在庆幸发现了错误。等到走出考场对答案时才发现原来第一次的答案是正确的。尤其是选择题,只是 ABCD 换个选项的事情,但往往就是思考过程中的一次犹豫造成了最终选择错误。

出现这种情况一般有几种原因:第一就是时间紧张,在临结束之前发现了问题，来不及仔细思考便直接修改了答案；第二是对题目有疑问，徘徊在两个答案之间，开始可能倾向于原来的答案，后来又倾向于另一个答案，纠结之后，选择了后者；第三就是一些低级错误的出现，造成检查过程中出现问题而不自知，直接改掉正确答案。

第二种情况是比较多的，所以如果我们一开始就能确定答案，自然不会去随便修改最初的选择。

发现题目做错了，首先不能慌张。不妨先放下笔，用30秒至1分钟的时间，让自己的心绪稍做平静。然后再认真查找错误并分析出现错误的原因。一般而言，考试时会出现四类错误：全盘皆错；局部错误；过程出错；结果错了。

◎ 全盘皆错

往往是看错了题目，特别是混淆了题干中诸如肯定与否定、程度的强与弱、范围的大与小等关键词。也可能是对题目所设置的情境理解错了，以致用错了公式和定理。把题干的关键词看错，这种错误比较容易出现在解答似曾相识的熟题时，并经常发生在平时学得好的同学身上。

◎ 局部错误

在解答文科的主观题时出现局部错误的可能性较大，如分论点不能受中心论点统率、将相似的题目要点融入答案等。

◎ 过程出错

如：理科题目的计算、推导证明的过程出错；文科主观题阐述时中途列举的材料偏离中心论点等。

◎ 结果错了

主要是计算错误和归纳出错误结论。

如果在考场上遇到这样的情况，一定要做到：三思而后行。当检查的时候发现答案和最初的选择不同，先不要冲动，看看自己的解答和一开始有什么不一样。这里就要强调草稿的作用，一场考试中的草稿不能随便处置，因为在检查的时候可以作为对比的内容，一对比就能知道问题所在。

找到错误的症结所在，拿出笔在错题处画上两道横线，此时平和心境和轻柔手法必不可少，因为保证卷面整洁而无破损也很重要。在提笔改正前，应该将答题步骤在自己头脑中进行相对全面、周密的思考，时间许可的话，不妨在草稿纸上写写，哪怕是纲要式的，都可以避免新的错误出现。

如果是一些选择题，就要明确为什么最初的选择和现在会有差异，是不是因为一开始没有考虑某个因素，或者误解了题意等。

只有当确定最初的答案是有问题的，而这次解答的确修正了原有问题才能进行修改。

如果在最后检查时，考生在两个选择中有犹豫，只是突然觉得应该是另一种答案时，建议不要修改。接触一道题后想到的第一个答案往往是我们因长期练习而产生的本能反应，选择它，正确的概率会相对大一些，这是大脑给出最直接的记忆信号。

在每一次考试中，我希望同学们对所有的题目都有明确的思路和解答流程，但毕竟考试千变万化，总会有一些题目让我们犹豫不决，或者在知识上存在漏洞，难免遇到需要"蒙"的时候，这时候请相信自己的第一选择。

【暖心暖语】

请记住：查错是一件好事情，但是修改需谨慎。

第九章

考前 10 天，应该怎么做

考前 10 天，临门一脚，我们如何做好考前准备工作是这 10 天的任务。无论是心理还是身体，我们都需要一个调整的时间段，但如何平衡复习和调整心态又是个大难题。我们需要学会安排时间，调整状态，提高自信。

稳中求胜，逐一梳理高考题型

考前最后几天有的学校会让同学们在学校复习，有问题可以直接找老师；有的学校会放假，让同学们回家复习；有的学校则是自由式的，可以选择在学校，也可以选择在家。无论哪种方式，这段时间安排基本都是由同学们自己来把控。那么最后这几天我们应该如何安排呢？

最后 10 天我们是不是要减少复习的工作量？我的回答：是！

最后 10 天我们是不是不需要再做题？我的回答：不是！

首先，我们要对题型熟记于心。高考每门学科在题型设置上都有规律性，每年考试也具有连续性，所以我们要做到对待高考像对待平时考试那样，这就要求我们对高考题型掌握得非常透彻。所以平时做题就要学会归类，根据不同题型和其在试卷中的位置，分成不同类，在复习的时候可以有针对性地复习。

熟悉高考题型可以让我们顺利地将知识点"对号入座"，到了最后阶段，我们基本都会有这样一种感觉：这一题会考到的知识点有哪些，一般会以哪种方式出题，以此为基础我们可以有针对性地去记忆知识点。有些知识点记忆就是通过题型，让我们知道如何解答，自然就记住了相关知识，并能对其运用自如。

熟悉高考题型还可以让我们将知识网络化。根据题型不同，很多知识都有其题型特征，当我们进行地毯式复习或者对各种知识点进行归纳时，我们自然就会知道这个知识点一般出现在哪些高考题型中，然后就会产生一种解题记忆。

其次，在考前的最后阶段，我们还要找到自己最薄弱的高考题型并分析其原因。以英语为例，有的同学在完形填空上问题很多，得分整体偏低。完形填空是一类综合考核英语能力的题型，具体来说，完形填空考核内容包括了语法、语感和语境等，基本涉及了所有的英语知识。如果是在语法上不过关，就要重点看语法；如果是不了解文化背景，就要有意识地去科普和学习这些文化背景。以化学为例，有的同学主要在推理题上会出错，或者不知道怎么入手推理，主要原因一方面是审题过程中找不到头绪，另一方面是对知识点不够熟悉，所以在复习的过程中要联系审题，要将知识进行网络化，建立关系。

熟悉高考题型，能保证我们在高考时做到有备而来，而且自信满满。

【暖心暖语】

无论在哪里，做题是必要的，这是为了持续保有"题感"，但做题也要做对题，以高考题型为模板，找到具有针对性的训练题。

知识由厚转薄，织成一张收放自如的渔网

由厚转薄就是古人所说的"厚积薄发"的意思，最后 10 天是一个减轻负担的时间。要"薄发"，就是要善于把小类问题，整合成中类问题，再把中类问题整合成大类问题，最后走向"无类"。"此时无招胜有招"，也就是说，在这一阶段复习时，我们重在梳理所学过的知识点，在脑中形成网络与联接，以便在考试时能做到提取顺利。

简而言之，你可以把每门课所学过的知识点画成一张网络图，在自己的头脑中过一遍，形成它们之间的横向与纵向联系。由厚到薄，功夫到家，就能使所学的知识像渔网一样，打得开、收得拢，井然有序、条理分明，不致破碎、凌乱、重点不突出。

以上是关于知识点方面的"薄发"，关于题型方面的"薄发"，也是一个与前者类似的过程。

我们要学会做一件事：制作思维导图。不要担心这个时候做思维导图是浪费时间，现在利用思维导图可以将每门学科的知识进行系统

整理。

可以把所有学科的教材整理出来放在最前面，然后根据学科的整体内容进行分块，每一分块再从课本上找到对应的知识，一边回顾一边绘制。把自己非常熟悉的知识标上绿色的圆圈；自己有些疑问的标上蓝色三角形；自己不熟的部分标上红色的五角星。如果一张思维导图上红色五角星居多，说明前面的复习没有做到位；如果绿色圆圈居多，说明复习的效果不错；蓝色三角形居多则说明需要进一步熟悉。从这样的整理中也能确定自己接下来需要复习的重点是什么。

这部分工作我们要控制在 3 天内完成，然后根据掌握程度去安排复习任务和做题的时间分配。

"一张纸要写下学科的所有知识点，这个字要写得很小。"有些同学可能会这么说。

问题并不是字，而是写的内容。不是让大家把所有知识都写在这张思维导图上，那必然是写不下的，而是将必考点以及难点写上去就行。举个例子，在高中数学中，我们可以将所有知识点分成多个部分，假设函数部分你通过对知识点的回忆发现没有难点了，那就直接把必考点用关键字标识出来就行；而假如在立体几何方面，你发现还有些内容存在漏洞，那就要把这部分知识点重点标注出来。如果这次一张纸能写下一门学科，那么说明最后 10 天对你来说再顺一遍知识点是完全够用的。

如果一张纸确实写不下所有未全部熟悉的知识也不要过于担心，要把时间花在基础知识和必考点上。

【暖心暖语】

最后的冲刺阶段,我们需要的不是"厚积",而是如何做到"薄发"。

知识化难为易,决胜点在基础知识

基础不稳,地动山摇!

我们在最后阶段要立足基础知识、基本技能和基本方法,重在理解。基本的概念、规律、技能、方法是学习的基础,高考生打好基础才能向着更好的成绩前进。

最后 10 天我们就是抓基础知识,尤其是考试重点。到了这个时间点,我们要有一种"直觉",即猜题的直觉。我们其实已经基本知道一张试卷中哪些知识点是肯定会出现的,而它们的考核形式也是有限的,所以将这些基础知识掌握扎实就是在为得到一个好成绩打基础。

这里要把课本作为复习阶梯,课本是复习的阶梯,学习须有"本"可依。复习时以课本为主线,进行系统的复习,使所学过的知识由零散过渡到整体,搭建起较为完整的知识系统,训练综合运用知识的能力。以课本为主线进行整体复习,并非简单地重复已学过的知识,而是对学过知识进行系统梳理,对知识点进行归纳与对比。尤其对某些自己在理解上仍然感到似是而非的知识点,在复习中一定要弄清楚，并能灵活运用。

在整理基础知识的过程中，我们要重视总结和归纳。归纳过程中，要多角度、有顺序地概括思考问题，找出内在联系；然后根据知识结构网络图去发散、联想基础知识点和每个知识点的基础题，重点应学会自我检测。

紧紧抓住重点和难点，努力感悟和突破。所谓重点和难点，其实就是老师上课反复强调和题目中经常犯错的地方。如果能集中精力把重点的内容理解透彻，熟练掌握，非常有助于提高自己的复习效率。

最后10天忌讳主攻难题，相反要化难为易，即使看难题也只是看看考核的知识内容。

如果最后10天考生还在纠结于难题，那无疑会带来不好的结果。首先，主攻难题耗费时间多，效果又不明显，对高考并没有过多的帮助；其次，很多难题会让人感觉到郁闷，无法完整解答又会让人失去信心，如果持续这种状态去迎接高考肯定会对自己有消极的影响。所以最后10天应该放弃难题！

【暖心暖语】

基础最重要，基础也最容易复习，那么最后10天请重视基础！

活用错题集，把错题集变薄成"宝典"

剩下最后10天，最能体现错题集价值的时刻来到了！我们这段时间最重要的工作就是每天看错题集和整理错题。当我们攻克一道错题后就可以把这道错题从错题集中删去。如果在高三阶段能够一直坚持这个工作，那么此时的错题集基本包括了现阶段所有的知识和题型漏洞，一定要好好看，最好保持每天看一遍。

我们要整理和归纳重点内容，可以将日常练习、考试中遇到的错题、典型题分门别类地收集在一起。期末复习中，一定要拿出一部分时间重新温习，这样会比做几道题收获更大。温习错题集，除复习语言知识点外，还要重视某些试题的解题方法与技巧。只有这样，错题集的作用才能充分发挥。

除开错题集，试卷是另一类重要的资料，其中记录着学习的所有过程。所以我们需要将半个学期的试卷与讲义整理、装订，在错题上标出显眼的记号，有计划地看或重做错题集中的题，这样可以避免以前所犯的错误。这里要强调一点：平时考完试之后的试卷不能随处乱扔，要定期进行整理，把同一类的试卷整理成册，便于复习时查阅。

我们在练习过程中，选题要精，从实际出发，进行各种形式的多层次练习，练习要有步骤、有目的、有思考，切忌一味做题、陷入题海。

我们要主动分析自己平时得分的分布情况，也就是说选择题、填空题、解答题的前3题与解答题的后几题、实验题、作文、听力等得分进行分析，针对自己的情况进行得分分配。比如：平时选择题得分较高，解答题前3题得分较高，那么，复习重点应放在填空题与解答题后面的几题上，不要平均分配复习精力。

在这段时间，如果我们能把所有错题都攻克下来，那么我相信面对高考就不用害怕，我们可以充满信心地投入到这个挑战。

前面7天我们要努力让错题集变"薄"，到了最后3天，就可以总结剩下的错题，了解自己最大的漏洞在哪里，然后把这些知识以文字、公式、图形等方式记录下来，形成一个很重要的小手册或者小卡片集，成为我们考试前的"宝典"，这就是在考试前几天翻看复习资料的最后部分。

【暖心暖语】

考前，请翻翻这个小册子，不仅使这些重点内容始终在大脑中处于待提取的激活状态，而且可以使自己心里更踏实。

开启"同步模拟"的每日测试模式

最后10天还需不需要做题呢？必然是要的！自己出一份试卷考一下自己，这叫自查自救行动，通过自己出题，对知识点会有进一步理解与巩固，另外还可以进一步了解各知识点的出题题型方式与风格。

同步模拟就是提倡高考前一周复习可以采用"模拟高考式"的复习策略，也可称为进入"战备状态"，培养"高考惯性"。建议大家在考前一周可以视情况将复习状态与方式调整到与高考同步，即保证上午9：00—11：30、下午3：00—5：00这两个时间段处在精神状态的最佳期。

我们在安排学习时间时，可适当考虑考试科目，如语文在上午考，就尽可能把语文安排在平时的上午复习，数学在下午考，就把数学安排在下午复习。这样坚持一周的"模拟高考式"复习，有助于大脑形成思维惯性，成为考试正常发挥的必要条件之一。

我们还需要适当地做些模拟试题，但量不要太大，有一两套就可以了。应该多做那些自己认为知识点理解、应用薄弱的题，对一些难题可在自己思考的基础上加强与同学交流，对于那些偏题、怪题应果断放弃。

对自己偏弱的学科更要多安排一点时间熟悉"题感"，让自己能保持前期复习的精神状态。比如我的化学差一些，那么在做完理综套题之后我会多安排一个小时完成化学题练习和整理，让自己熟悉化学应试的感觉。在选择题目时建议主要以基础为主，可以根据一周的时间安排题目类型，或者以综合性试题为主，这些都和自己的实际需求相关。

这个阶段我们同步测试的重点不是为了要攻克什么，而是为了调整，在时间上调整，在生物钟上调整，在心理状态上调整，直到最后进入考场之后能顺利地进入考试状态，做到因为熟悉而不紧张，保证正常发挥甚至超常发挥。

【暖心暖语】

调整生物作息表，让自己从生理和心理上都适应高考的时间表。

考前心理状态，避免考前综合征

最后 10 天最重要的问题是什么？是心理状态调整！

尤其是最后 3 天，我们一定要让自己保持一颗平常心，切不可把弦绷得太紧，应该适当地放松自己，如通过散步、和家人聊天、听音乐等方式调整自己的心态。

考前一周，许多同学都会出现诸如莫名烦躁、做题时出现失误等状况。首先不要过于担心，这些都是长时间身心疲惫造成的。要改变这些状况，高考前一个星期左右，从作息时间上调整，原来晚上 12 点或者更晚才睡，现在开始提前一个小时或一个半小时入睡，积蓄能量和精力。

睡眠状况直接影响着身体状态，从考前一个星期开始，应该把调整睡眠放在重要位置上。有些考生由于紧张、生物钟紊乱等原因，考前会失眠。这里提出一些应对措施。

◎ 第一，不要总想着高考时会出现什么"万一"，不要对自己提出不切实际的要求，一定要有一个乐观的心态。

◎ 第二，不要开"夜车"，根据自己的实际情况制订出作息时间计划，一定要按时作息，这样生物钟才能正常工作。

◎ 第三，如果失眠，尽可能不要使用药物，可以进行食疗，比如说睡前喝一杯牛奶或吃一个苹果。

◎ 第四，睡前可以用热水泡脚，并做头部和脚部按摩；睡前不要大量饮水，以免增加夜间起床次数，影响睡眠质量。

个别身体素质不太好的考生，比如容易感冒、发热的，一定要提前采取预防措施，或者到医院去咨询大夫，如果真到考试时生病了，不仅仅影响考试成绩，还会影响心理状态。

考前的任何小事都是大事，所以要做好以下几点，保证能顺利应考。

◎ 注意自己的饮食。应该遵循自己平时的饮食习惯，可以多加几个菜，适当增加肉蛋类食品，但不要为了补充能量而暴饮暴食，以免消化不良导致直接影响考试。

◎ 不要参加剧烈的运动。以免体能消耗过大或发生其他的意外，从而影响第二天的考试。也不要长时间地玩棋牌、上网打游戏，以免过度兴奋。适当放松和休息应该是最后一天的主旋律。

◎ 熟悉考场。应该提前仔细考察通往考场所在地的交通线路，选择路程最短、干扰最少、平时最熟悉的路线。对考场所在学校、楼层、教室、厕所以及自己的座位位置都要亲自查看，做到心中有数，以防止不测事件发生。

◎ 要认真检查证件。检查考试时所需的学生证、准考证等重要证件，并把它们放在自己清楚的地方，方便第二天查找收拾，保证不会因为证件找不到或者丢失而出现慌张、紧张的现象。

◎ 自我安抚。如果有的同学不看书心里就不踏实，还要临阵磨枪，那就不妨把第二天所考科目的课本随意翻阅一遍，但不可太动脑筋。如果有的同学不愿再看书，那就听一些轻松欢快的音乐，以放松自己。

◎ 保证作息。严格按照平时的作息时间上床睡觉，不宜太晚，也不宜太早，以免太早或太晚上床而又不能及时入睡。睡前可用温水洗脚，以帮助自己睡眠。切不可服用安眠药，因为安眠药会抑制人的大脑活动，导致第二天考试不够兴奋。

【暖心暖语】

考试前如果能够调整好心理状态，并采取正确的考试策略，就能考出理想的成绩，甚至超水平发挥。

自信应考，"已经充分准备！"

考前最后几天，无论自己复习得怎么样，我们都要接受现实，让自己充满自信。我们要相信自己经过三年的学习，经过前阶段的复习和各类模拟考试，已经具备参加高考的实力。

平时成绩较好的同学，在树立自信心的同时，不妨检索一下自己平时的弱点和一些失误的细节，这样更有利于全面取胜。

平时成绩中等的同学，要相信高考考题不论怎么改，总是中等题型居多，因而也是中等生最有发挥空间的时候，只要自己稍加努力，完全有可能超常发挥。

成绩还不太理想的同学，不能因为几次考试成绩不太理想就武断地认为自己没有实力，甚至完全否定自己。要知道，高考基础分还是占有很大比重的，多得一分是一分，上不了本科上大专。绝不轻言放弃。

所有考生都必须给自己一个心理暗示："我一直在努力，我已经充分准备好了，就等高考那天到来了！""我能做的都做了，现在只剩下最后完成试卷的任务了！""保证不出大错，以平时状态去应对，问心无愧即可。"

当然，在面对高考时，如果有人说"不紧张"肯定是假的，有时候我们也说不清为什么紧张，但就是平静不下来，这也不用担心，只要我们做到进入考场后能恢复平静就可以。

为了让自己能更好地将注意力集中到学习本身，而不是高考这个社会性话题，我选择在临考前来思考一些对考试有用的素材，比如，找一些有可能考的作文题或自己设想的作文考题，迅速在大脑里构思，打腹稿；又如，找几道题，只想思路，第一步怎么做，第二步怎么做……不必详细解答，再对照答案，检验自己的思路是否正确；再如，可以找一组题（比如5道填空题或10道选择题），限定在某个时间内完成，再对照答案，看看完成水平怎样。这样，就可以在短时间内激活大脑，训练在紧张状态下的学习能力。这种激活大脑的训练过程让我可以安静下来，只关注当下。

【暖心暖语】

当马上就要高考，我们要做到心无旁骛，全力以赴！

做到万事俱备，不因细节影响考试

临近考试，我们要做到"万事俱备，只欠考试"，这里指的是要把所有和高考当天相关的事情都准备充分，让自己能没有后顾之忧地去参加考试。

以下是可能需要准备的物品，供大家参考。

◎ 高考所用的铅笔、钢笔、橡皮、小刀、圆规、尺子以及准考证等，都应归纳在一起，放入一个透明的塑料袋或文件袋中。

◎ 可以准备一条小毛巾，用来擦汗。

◎ 确定高考当天要穿的衣服，并单独放置，而不至于到了考试的早晨，因为挑选衣服而耽误时间。

◎ 给自行车胎打足气，并进行保养（针对用自行车上学的同学）。

◎ 准备好乘车和生活所需要的零钱，并放入准备好的衣服口袋或书包里。

◎ 不要自己夹带草稿纸，不要把手机等通信工具带入考场。

距离高考还有两天的时候我们可以去考点熟悉考场环境。确定去考场的方式。一旦发生意外，要及时求助于监考老师或警察。一定要算准路上所需时间，并要多留出一些时间。这样计算好了时间，考试当天在去考场的路上，我们才不至于着急忙慌地赶路，最后直接影响进入考场后的心理状态。

距离高考还有一天的时候调整好心态，我们需要做好考前心理准备与物质准备的大检查，以良好的心态、充沛的体力与精力，充满信心迎接明天的考试。起床要与平时起床时间一样，比平时起床早或晚都不利于以平常心对待高考，还有可能打破经过调整已形成的稳定生理节奏和心理节奏；中午要睡午觉，如果睡不着，也可以闭目养神。

到了考前的晚上，请记住要和平时一样的时间睡觉，切记不要过早睡觉，因为一旦睡不着反而影响情绪。如果这时你按时睡觉也睡不着，那就顺其自然，只要有良好的心态，即使少睡几个小时，也不会对明天的考试有多大影响。

高考时期早、中、晚三餐的时间要与平时一样，吃的东西也要和平时一样为好。没有必要在这一天加强营养，只要食欲好就行。但千万要注意饮食卫生，不吃不洁净的食物，不吃或少吃冷饮。

我清晰地记得自己的一次考前经历。一次期末考试前老妈说要让我补补营养给我做了大排骨。因为我平时几乎不吃油腻的食物，这次吃了排骨，后果就是第二天早上跑了无数次厕所。我被折腾得体虚腿软、一脸惨白，最后依靠着止泻药支撑着考完了上午的考试，考试成绩可想而知。那只是一次期末考试，但高考中如果出现这样的问题就可能影响较大。所以，对于高考期间的饮食务必仔细应对。

饮食安排计划应该在高考前10天就制订好，因为那时候已经进入了高考时间模式。提前对饮食有一个规划，等到了高考那几天，只要按照这10天的饮食安排来准备即可，不需要额外增加。

临考前一天我们可以适当减少复习任务，检查第二天所需的物质准备，晚上注意听天气预报，准备好相应的雨具、防晒工具等。最好不与家长谈论易引起情绪波动的事，这里家长也要注意切忌因小事与考生发生冲突，不与考生讨论难题、偏题，否则可能引起信心不足。

【暖心暖语】

再强调一句：重点是心态！让自己放松下来，轻装上阵最关键。

考试期间，做个"独行侠"

考试当天，我建议做一个酷酷的"独行侠"。我一直都有一个习惯，我会在前一天晚上具体写下来第二天的一个作息时间计划表。高考这几天也不例外。要能做到从容进考场，就得提前准备，不然就会临阵慌乱。

（1）高考第一天。从作息时间上说，要有充裕的时间吃早餐，一般选用高维生素、高热量的食物，最好在考前一个半小时用餐完毕，但不要吃得过饱，否则，过多的血液还在胃里帮助消化，大脑就会相对缺血，影响考生在考场上的发挥。

到考场时间不宜过早或过晚，一般在考前15～20分钟为佳。到太早了，与各种干扰因素接触过多，容易破坏良好的心理感觉；到太晚了，开考后才进考场，会格外慌张。如果学校有安排专门的教室供大家考前休息，请尽量不要和同学聊考试的事情。

上午考完后，休息一会儿后，再吃午饭。午饭后不要马上睡觉，稍微活动，散散步，听听音乐。午睡时间安排30~40分钟即可。如果回家睡觉的同学一定要让家长帮忙提醒，以免考试迟到。

下午考完后最好马上离开考场，如果有同学来问你，最好只简单交流一下考题的难度，千万不要去对答案，以免患得患失，影响随后考试的心情。考完一门科目即使感觉自己没考好也并不等于全盘皆输，学会暂时"忘却"和"放弃"，我们能做的事情就是通过后面的努力发挥弥补前面的损失。

晚上吃过饭后可以散散步，让自己轻松一下，不要再去想今天考试的科目。睡觉之前有条件的同学可以用热水淋浴，缓解疲劳。一般来说，有了这一天经历之后，大家的紧张程度会比前一天有所降低，应该睡得更好。

（2）高考第二天。

上午：大部分省份是文/理科综合考试，分值达300分，是高考的一场攻坚战。

理科综合包括物理、化学和生物三门学科，除了仍然要仔细审题、不可忽视关键信息等基本要求之外，还要提醒大家注意一些细节，如书写要清晰可辨，尤其是阿拉伯数字、符号和公式的书写，否则容易引起歧义，导致阅卷老师误判；能采用文字和图示相结合方式答题的就尽量采用，这样既可节省时间，又能更好地说明问题；答案中的数据要有单位，公式里的符号字母要符合要求。

下午：最后一科，画上圆满的句号。

外语是"拉分"的科目，正因为如此，大家的心理压力也大。

在最后一科考试中我们常常出现两种心态：一种是自己感觉前面几科考得好而沾沾自喜，导致最后一门考试做起题来粗心大意，犯一些本不该犯的错误；另一种是感觉前面几科考得不好而灰心丧气，觉得自己这科考得再好也于事无补了，直接放弃。其实，无论前面考得好还是不好，这时候我们需要提醒自己："别开玩笑了！我怎么知道考得好还是不好？在最后结果没有出来之前，一切都是未知的！"我们一定要排除杂念，善始善终，攻下最后一个堡垒，取得胜利！

在考试期间，我们最好就是自己安安静静地处理好自己的事情，不过多和同学或者老师聊天，尤其是还有科目没考完的时候。要对答案，要讨论我们可以留到高考最后一门之后。

高考是高度集中、大负荷量的思维工作。如何完成不同门类考试之间的思维转换并及时集中，是影响大家能否正常发挥的关键问题。许多同学考完一门课程之后，思维不是马上转入下一科考试的预热，而是急于找别人对答案，发现自己答案与别人答案不一样或自己答案有错误后又懊悔不已。结果，不仅思维不能迅速转入到下一门科目的应试准备状态，而且心情也受到严重影响。懊悔的情绪会影响后续考试的信心，造成后面各科的考试都受到干扰，严重影响了正常发挥。

一门课程考试结束后，最为恰当的做法是：马上把它完全放下，思维和情绪完全离开这门，全身心投入对后一门课程的预热。心理学研究证明，许多困难问题的解决，依赖于高思维激活水平，而高思维激活水平需要在思维经过一定时间预热后才能获得。如果一个同学从出考场开始，思维就转入下一门课程的考试，可以使思维在即将被大脑调用的知识和解决问题的技能上获得一段时间的预热,到考试开始时,思维就可以处于更高的活跃水平,从而使有关问题的解决更加迅速和顺利。

当然,在考试尚未完全结束时,家长或熟人问你考得如何时,我们的回答就只能是:"正常发挥。"

即使已经意识到某门考试考得不是很理想,也要设想别人不一定就比自己考得更好,这样想会有利于后几门考试的正常发挥。

从复习的角度来说,我们也不要和同学讨论,问老师一些难题。因为在交谈讨论中,往往会发现自己某些尚未弄懂的地方,其结果是造成自己的情绪紧张;考前不要再心急火燎乱翻书,先不说是不是真有许多地方没有复习到,就是这种慌张状态也会严重影响考试时的发挥;考完就完,考一科少一科,不去交流答案,这样有利于以稳定的情绪再战。

【暖心暖语】

高考时间,你就做一个安安静静的"美少年/美少女"吧!

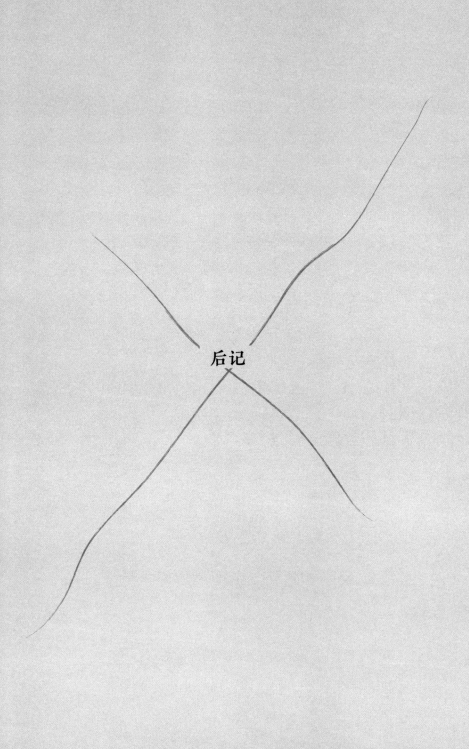
后记

高三一年，白驹过隙，匆匆逝去，蓦然回首，如电影画面般闪过。

那一年，有时候一个人，想走得更快。

孤身作战，内心会变得更强大，那份来自内心的动力，会更恒久。

那时才发现孤独是一种力量，能激发身体内的潜能。

那一年，有时候也是一群人，想走得更远。

身边是并肩作战的伙伴和师长，让这一次的旅程变得充满温暖。

有侣同行，充满安全感，那种可以依靠的信任，让人勇往直前。

那时会发现情谊是一种力量，能抚平忧伤创造幸福。

耐人寻味都发生在经历之后……

高三是值得回忆的一年，也是充满奋斗气息的一年。

高三的每一天我们都是紧张、忙碌，但充实的。

因为每一分,每一秒都是我们逆袭的机会。

高三是战场,瞄准阵地,寸土必争。

青春是一把剑,高三是磨刀石。

青春经得起犯错、重来、跌倒,却经不起等待。

一年的磨砺,我们变得勤奋、刻苦、自律……

无论最终结果如何,

我们都会感恩:一直在路上。

我们都会感慨:这一次我问心无愧!

青春若是一本书,唯愿你翻得不仓促。

高考的岁月总是来得匆匆、去得匆匆,却也深刻得令人一生难忘。

  同学们,一切还没有结束,无论你现在处于什么位置,只要敢于改变,敢于挑战,未来皆有可能!

  预祝各位同学高考顺利,让我们大学校园见!